2020년 사회복지사 1급 대비 수험서
smart
인간행동과 사회환경

2020년 사회복지사 1급 대비 수험서

smart
인간행동과
사회환경

선남이 편저

사회복지사 1급!
합격의 길로
동영상 강의와 함께하는
12일 완성
Key Point!!

에듀파인더
[edufinder.kr]

2020년 사회복지사 1급 대비 수험서

smart
인간행동과 사회환경

초판 인쇄 2019년 10월 20일
초판 발행 2019년 10월 25일

편저자   선남이
발행인   권윤삼
발행처   (주) 연암사

등록번호   제16-1283호
주소   서울특별시 마포구 양화로 156, 1609호
전화   (02)3142-7594
FAX   (02)3142-9784

값은 뒤표지에 있습니다. 잘못된 책은 바꾸어 드립니다.

ISBN 979-11-5558-058-5   14330
     979-11-5558-051-6   (전8권)

연암사의 책은 독자가 만듭니다.
독자 여러분들의 소중한 의견을 기다립니다.
트위터 @yeonamsa
이메일 yeonamsa@gmail.com

이 도서의 국립중앙도서관 출판시도서목록(CIP)은 서지정보유통지원시스템 홈페이지(http://seoji.nl.go.kr)와
국가자료공동목록시스템(http://www.nl.go.kr/kolisnet)에서 이용하실 수 있습니다.
(CIP제어번호: CIP2019037264)

머리말

우리나라도 급속한 산업화 · 정보화 · 저출산과 인구의 고령화 등 시대적 변화로 인해 다양하고 복잡한 사회문제들이 발생하고 있습니다. 특히, 1997년 말 IMF 외환위기 이후 선진국과의 무한경쟁을 위한 기업의 구조조정 과정에서 발생한 대량실업과 고용불안, 가족해체, 고착화되고 있는 저출산과 세계에서 가장 빠른 속도로 진행되고 있는 인구의 고령화 등에 따른 사회적 변화는 새로운 복지패러다임을 요구하고 있습니다.

최근에 부각되고 있는 아동 · 노인 · 장애인 · 여성 · 한부모가족 · 다문화가족의 문제 해결, 독거노인 · 빈곤층 대책과 복지사각지대의 근절, 그리고 보다 질 높은 복지서비스를 요구하는 국민들의 요구에 부응하기 위하여 사회복지사의 역할과 책임은 매우 중요하다고 하겠습니다.

이에 본서에서는 지난 10년간의 사회복지사 1급 기출문제들을 분석하여 단기간에 보다 효과적인 학습이 되도록 합격의 솔루션을 제시하였습니다. 하지만 합격여부는 오직 수험자의 마음자세와 효율적인 수험전략 여하에 달려 있습니다.

선발시험과 달리 자격시험은 선택과 집중이 중요합니다. 어려운 1~2과목은 과락이 되지 않도록 기출문제 중심으로 정리하고, 자신 있는 2~3개 과목은 고득점(80점) 할 수 있도록 집중하면 합격(60점)은 무난히 할 수 있습니다.

「나는 반드시 합격할 수 있다」는 강한 신념으로 얼마 남지 않은 기간 최선을 다하시기 바랍니다.

〈본 교재의 구성과 특징〉
- 수험생들이 전체적인 맥락에서 교과를 정리할 수 있도록 구성하였으며, 핵심정리

하기 및 참고하기 등을 통해 요점을 정리하였다.

- 2019년 8월말 현재까지 제정 및 개정된 법령을 반영하였으며, 최근 출제경향을 파악할 수 있도록 최근 기출문제를 수록하여 최신의 정보를 적극 반영하였다.
- 매단원마다 출제빈도가 높았던 부분을 표시(★)하고, 혼돈되거나 틀리기 쉬운 부분도 밑줄로 표시(___)하여 최종정리 시 도움이 되도록 하였다.
- 혼자 학습하거나 공부시간이 절대적으로 부족한 수험생들이 효율적으로 정리할 수 있도록 분량을 최소화하도록 하였다.

[사회복지사 1급 자격제도 안내]

◆ 사회복지사

- 사회복지사 1급은 사회복지학 전공자, 일정한 교육과정 이수자, 사회복지사업 경력자로서 국가시험에 합격하여 보건복지부장관의 자격증을 받은 자를 말한다.
- 사회보장급여의 이용·제공 및 수급권자 발굴에 관한 법률 제43조는 사회복지사업에 관한 업무를 담당하게 하기 위하여 시·도, 시·군·구 및 읍·면·동 등에 사회복지사 자격증을 가진 사회복지전담공무원을 두도록 규정하고 있다.
- 사회복지사는 사회복지 프로그램을 개발·운영하고 시설거주자의 생활지도를 하며 청소년, 노인, 여성, 장애인 등 복지대상자에 대한 사례관리, 보호·상담·후원 업무를 담당한다.

◆ 사회복지사 자격의 특징

사회복지사의 자격증은 현재 1, 2급으로 나누어지며, 1급의 경우 일정한 학력과 경력을 요구하고 또한 국가시험을 합격하여야 자격증이 발급된다. 2급의 경우 일정학점의 수업이수와 현장실습 등의 요건만 충족되면 무시험으로 자격증을 취득할 수 있다.

◆ 1급 시험 응시자격

〈대학원 졸업자〉

① 고등교육법에 따른 대학원에서 사회복지학 또는 사회사업학을 전공하고 석사학위 또는 박사학위를 취득한 자

② 다만, 대학에서 사회복지학 또는 사회사업학을 전공하지 아니하고 동 석사학위를 취득한 자는 보건복지부령이 정하는 사회복지학 전공교과목과 사회복지관련 교과 목 중 사회복지 현장실습을 포함한 필수과목 6과목 이상(대학에서 이수한 교과목 을 포함하되, 대학원에서 4과목 이상을 이수하여야 한다), 선택과목 2과목 이상을 각각 이수하여야 한다.

〈대학 졸업자〉

① 고등교육법에 따른 대학에서 보건복지부령이 정하는 사회복지학 전공교과목과 사 회복지 관련 교과목을 이수하고 학사학위를 취득한 자

② 법령에서 고등교육법에 따른 대학을 졸업한 자와 동등 이상의 학력이 있다고 인정 하는 자로서 보건복지부령으로 정하는 사회복지학 전공교과목과 사회복지관련 교 과목을 이수한 자

〈외국대학(원) 졸업자〉

외국의 대학 또는 대학원(단, 보건복지부장관이 인정한 대학 또는 대학원)에서 사회 복지학 또는 사회사업학을 전공하고 학사학위 이상을 취득한 자로서 대학원 졸업자 와 대학졸업자의 자격과 동등하다고 보건복지부장관이 인정하는 자

〈전문대학 졸업자〉

① 고등교육법에 의한 전문대학에서 보건복지부령이 정하는 사회복지학 전공교과목 과 사회복지관련 교과목을 이수하고 졸업한 자로서 시험일 기준 1년 이상 사회복 지사업의 실무경험이 있는 자

② 법령에서 고등교육법에 따른 전문대학을 졸업한 자와 동등 이상의 학력이 있다 고 인정하는 자로서 보건복지부령이 정하는 사회복지학 전공교과목과 사회복지

관련 교과목을 이수한 자로서 시험일 기준 1년 이상 사회복지사업의 실무경험이 있는 자

〈사회복지사 양성교육과정 수료자〉
① 고등교육법에 따른 대학을 졸업하거나 이와 동등이상의 학력이 있는 자로서, 보건복지부장관이 지정하는 교육훈련기관에서 12주 이상의 사회복지사업에 관한 교육훈련을 이수한 자로서 시험일 기준 1년 이상 사회복지사업의 실무경험이 있는 자
② 사회복지사 3급 자격증 소지자로서 시험일을 기준으로 3년 이상 사회복지사업의 실무경험이 있는 자

◆ 응시 결격사유
금치산자 또는 한정치산자, 금고 이상의 형을 선고받고 그 집행이 끝나지 아니하였거나 그 집행을 받지 아니하기로 확정되지 아니한 사람, 법원의 판결에 따라 자격이 상실되거나 정지된 사람, 마약·대마 또는 향정신성의약품의 중독자는 응시할 수 없다.

◆ 시험방법

시험과목 수	문제 수	배점	총점	문제형식
3과목(8영역)	200문항	1점/1문제	200점	객관식 5지 선택형

◆ 시험과목

구분	시험과목	시험영역	시험시간
1교시	사회복지기초(50문항)	• 인간행동과 사회환경(25문항) • 사회복지조사론(25문항)	50분
2교시	사회복지실천(75문항)	• 사회복지실천론(25문항) • 사회복지실천기술론(25문항) • 지역사회복지론(25문항)	75분
3교시	사회복지정책과 제도(75문항)	• 사회복지정책론(25문항) • 사회복지행정론(25문항) • 사회복지법제론(25문항)	75분

◆ 합격 기준

① 매 과목 40점 이상, 전 과목 총점의 60% 이상을 득점한 자를 합격 예정자로 결정하며, 합격 예정자에 대해서는 한국사회복지사협회에서 응시자격 서류심사를 실시하며, 심사결과 부적격자이거나 응시자격서류를 정해진 기한 내에 제출하지 않은 경우에는 합격예정을 취소한다.

② 필기시험에 합격하고 응시자격 서류심사에 통과한 자를 최종합격자로 발표한다.

◆ 사회복지사 자격활용정보

• 사회복지사 1급 자격증 소지자는 시·도, 시·군·구, 읍·면·동 또는 사회복지전담기구에 사회복지전담공무원으로 일할 수 있다. 또한 지역복지, 아동복지, 노인복지, 장애인복지, 모자복지 등의 민간 사회복지기관에 취업할 수 있다. 이 외에도 학교, 법무부 산하 교정시설, 군대, 기업체 등에서 사회복지사로 활동할 수 있으며 자원봉사활동관리 전문가로 활동할 수도 있다.

• 사회복지사 1급 자격증 소지자는 의료사회복지 또는 정신보건 분야에서 일정한 경력을 쌓으면 시험을 통해 의료사회복지사나 정신보건사회복지사 자격을 취득하여 해당분야의 전문사회복지사로 활동할 수 있다.

◆ 사회복지사 1급 자격증 관계도

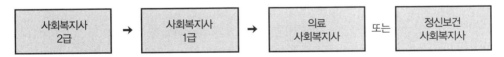

• 의료사회복지사

사회복지사 1급 자격소지자는 의료사회복지 실무경력 1년 이상, 또는 의료사회복지 연구 및 교육에 1년 이상의 경력을 가지고 있는 경우 의료사회복지사 자격시험에 응시할 수 있다.

• 정신보건사회복지사

① 사회복지사 1급 자격소지자는 보건복지부장관이 지정한 전문요원 수련기관에서 1년 이상 수련을 마치면 정신보건사회복지사 2급 자격증을 취득할 수 있다.

② 2급 정신보건사회복지사 자격 취득 후 정신보건시설, 보건소 또는 국가나 지방자치단체로부터 지역사회정신보건사업을 위탁받은 기관이나 단체에서 5년 이상 정신보건 분야의 임상실무경험을 쌓으면 정신보건사회복지사 1급 자격증을 취득할 수 있다.

• 사회복지사 2급

사회복지사 2급 자격소지자는 1년간의 실무경력을 갖추면 사회복지사 1급 자격시험에 응시할 수 있다.

시험시행 관련 문의

• 한국산업인력공단 HRD 고객센터: 1644-8000
• 한국사회복지사협회: 02) 786-0845

차 례

머리말 **5**

제1장 / 인간행동, 사회환경, 사회복지 ─────────

1. 인간행동과 사회환경에 대한 기본 이해 21
1) 인간행동의 이해 | 2) 사회환경의 이해

2. 인간행동이론과 사회복지실천의 관계 24
1) 응용과학 | 2) 이론이 사회복지실천에서 갖는 가치 | 3) 이론의 적용과 한계

〈 출제경향 파악 〉**27**

제2장 / 생애발달 및 태내기 ─────────

1. 생애발달이론의 유용성 29
1) 인간발달에 관한 연구가 설명하고자 하는 것 | 2) 인간발달이 사회복지실천에 기여할 수 있는 점 |
3) 인간발달에 관한 지식의 중요성

2. 성장과 성숙 30
1) 발달과 유사한 의미로 사용되는 용어 | 2) 발달의 특성

3. 태내기 33
1) 태내기의 개념 및 특성 | 2) 태내기의 발달 | 3) 사회복지실천에서의 관심 영역

〈 출제경향 파악 〉**37**

제3장 / 영아기 ─────────

1. 신생아기의 개념 및 발달 39
1) 신생아기의 개념 | 2) 신생아기의 발달

2. 영아기의 개념 및 발달 41

1) 영아기의 개념 | 2) 영아기 발달 | 3) 영아기의 사회적 발달 | 4) 사회복지실천에서의 관심 영역

〈 출제경향 파악 〉 **47**

제4장 / 유아기

1. 유아기의 개념 및 발달 49
1) 걸음마기의 개념 | 2) 걸음마기의 발달 | 3) 사회복지실천에서의 관심 영역 | 4) 학령전기의 발달

〈 출제경향 파악 〉 **57**

제5장 / 아동기

1. 아동기의 개념 59

2. 아동기의 발달 60
1) 신체적 발달 | 2) 심리적 발달 | 3) 사회적 발달 | 4) 사회복지실천에서의 관심 영역

〈 출제경향 파악 〉 **66**

제6장 / 청소년기 및 청년기

1. 청소년기(adolescence)의 개념 69

2. 청소년기의 발달 69
1) 신체적 발달 | 2) 심리적 발달 | 3) 사회적 발달 | 4) 사회복지실천에서의 관심 영역

3. 청년기의 개념 73

4. 청년기의 발달 74
1) 신체적 발달 | 2) 심리적 발달 | 3) 사회적 발달 | 4) 사회복지실천에서의 관심 영역

〈 출제경향 파악 〉 **77**

제7장 / 성년기 및 중장년기

1. 성년기의 개념 79

2. 성년기의 발달 79
1) 신체적 발달 | 2) 심리적 발달 | 3) 사회적 발달 | 4) 사회복지실천에서의 관심 영역

3. 중 · 장년기의 개념 82

4. 중 · 장년기의 발달 **82**

1) 신체적 발달 | 2) 심리적 발달 | 3) 사회적 발달 | 4) 사회복지실천에서의 관심 영역

〈 출제경향 파악 〉**88**

제8장 / 노년기

1. 노년기의 개념 **89**

2. 노년기의 발달 **89**

1) 신체구조의 변화 | 2) 신체기능의 변화 | 3) 심리적 발달 | 4) 사회적 발달 | 5) 사회복지실천에서의
관심 영역

〈 출제경향 파악 〉**94**

제9장 / 정신분석이론(1)

1. 인간관과 가정 **95**

1) 인간관 | 2) 기본 가정

2. 주요 개념 **96**

1) 경제적 모델 | 2) 지형학적 모델(마음의 제1 영역) | 3) 구조적 모델 | 4) 역동적 모델

〈 출제경향 파악 〉**103**

제10장 / 정신분석이론(2)

1. 자아방어기제(ego defense mechanism) **105**

1) 개념 | 2) 자아방어기제의 역할 | 3) 자아방어기제의 정상성 | 4) 정신분석이론에서 제시된 주요 자
아방어기제

2. 심리성적 발달 단계 **108**

1) 개념 | 2) 심리성적 발달단계

3. 사회복지실천에의 적용 **112**

1) 심리적 건강과 증상 | 2) 치료목표와 과정 | 3) 치료적 기법

〈 출제경향 파악 〉**115**

제11장 / 분석심리이론 ─────────

1. 인간관과 가정 117
1) 인간관 | 2) 기본 가정

2. 주요개념 118
1) 의식, 자아와 페르소나 | 2) 무의식, 개인무의식, 콤플렉스와 그림자 | 3) 집단무의식과 원형 | 4) 아니마와 아니무스 | 5) 자기와 자기실현 | 6) 정신 에너지 | 7) 성격 유형

3. 성격 발달에 대한 관점 122
1) 성격 발달 | 2) 개성화 과정(전반기와 후반기로 구분)

4. 사회복지실천에의 적용 123
1) 심리적 건강과 증상에 대한 관점 | 2) 치료 목표와 과정 | 3) 치료기법

〈 출제경향 파악 〉**126**

제12장 / 개인심리이론 ─────────

1. 인간관과 가정 129
1) 인간관 | 2) 기본 가정

2. 주요 개념 130
1) 열등감과 보상 | 2) 우월에 대한 추구 | 3) 생활양식(life style) | 4) 사회적 관심(social interest) | 5) 창조력(Creative power) | 6) 가족형상(family constellation) | 7) 가상적 최종목표(fictional finalism)

3. 사회복지실천에의 적용 136
1) 심리적 건강과 증상에 대한 관점 | 2) 치료 목표와 과정 | 3) 치료기법

〈 출제경향 파악 〉**138**

제13장 / 자아심리이론 ─────────

1. 인간관과 가정 139
1) 인간관 | 2) 기본가정

2. 주요 개념 140
1) 자아(ego)의 발달과 특성

3. 심리사회적 발달 단계 141
1) Erikson의 심리사회적 발달 8단계 | 2) Erikson의 심리사회적 발달 단계별 특징

4. 사회복지실천에서의 적용 145

1) 심리적 건강과 증상에 대한 관점 | 2) 치료 목표와 과정

〈 출제경향 파악 〉 **147**

제14장 / 대상관계이론 ──────────

1. 인간관과 가정 149
1) 인간관 | 2) 기본가정

2. 주요 개념 150
1) 대상(object), 또는 타자(other) | 2) 자기(self) | 3) 대상관계(object relation) | 4) 자아(ego) | 5) 표상(representation) | 6) 내면화(internalization) | 7) 통합, 분화, 분열, 이상화, 평가절하 | 8) 투사적 동일시(projective identification)

3. 대상관계 발달에 대한 관점 154
1) Mahler의 발달 단계: 자폐단계, 공생단계, 분리-개별화 단계로 구분 | 2) 분리-개별화 단계 (separation-individuation phase)

4. 사회복지실천에의 적용 157
1) 심리적 건강과 병리에 대한 관점 | 2) 치료 목표와 과정 | 3) 치료기법

〈 출제경향 파악 〉 **159**

제15장 / 교류분석이론 ──────────

1. 인간관과 가정 161
1) 인간관 | 2) 기본가정

2. 주요개념 162
1) 자아상태(ego state) | 2) 금지령과 대항금지령(injunction, counterinjunction) | 3) 초기결정 및 재결정 | 4) 스트로크 | 5) 게임 | 6) 라켓 감정 | 7) 인생태도와 인생각본

3. 성격발달에 대한 관점 166
1) 부모의 양육태도 | 2) 부모의 양육기술

4. 사회복지실천에의 적용 166
1) 심리적 건강과 증상에 대한 관점 | 2) 치료 목표와 과정 | 3) 치료기법

〈 출제경향 파악 〉 **167**

제16장 / 인본주의이론 ━━━━━━━━━━━━━━━

1. 인본주의 이론의 인간관과 주요 개념 171

2. 로저스의 인간중심치료 171
1) 인간간과 가정 | 2) 주요개념 | 3) 성격발달에 대한 관점 | 4) 사회복지실천에의 적용

3. Maslow의 욕구위계이론 175
1) 기본가정 | 2) 주요개념

〈 출제경향 파악 〉 **178**

제17장 / 행동주의이론 ━━━━━━━━━━━━━━━

1. 인간관과 가정 179
1) 인간관 | 2) 가정

2. 초기 행동주의 이론 181
1) 파블로프의 이론 | 2) 왓슨의 이론 | 3) 손다이크의 이론

3. 스키너의 이론 182
1) 스키너의 인간행동에 대한 기본 가정 | 2) 주요개념

4. 반두라의 사회학습이론 184
1) 반두라의 인간행동에 대한 기본 가정 | 2) 주요개념

5. 행동발달에 대한 관점 185
1) Skinner | 2) Bandura

6. 사회복지실천에 대한 적용 186
1) 적응행동과 부적응 행동에 대한 관점 | 2) 치료목표 | 3) 치료자의 역할과 실무원칙 | 4) 치료적 기법

〈 출제경향 파악 〉 **188**

제18장 / 인지이론 ━━━━━━━━━━━━━━━━

1. 인간간과 가정 191
1) 인간관 | 2) 기본가정

2. 주요개념 192
1) 인지의 개념과 영역 | 2) 인지과정(cognitive process) | 3) 인지구조

3. 인지 발달에 대한 관점 194
1) 개념 | 2) Piaget의 인지발달 4단계

4. 사회복지실천에의 적용 197

1) 심리적 건강과 증상에 관한 관점 | 2) 치료 목표와 과정 | 3) 치료기법

〈 출제경향 파악 〉**200**

제19장 / 소집단이론 ━━━━━━━━━━

1. 인간관과 가정 203

1) 인간관 | 2) 기본가정

2. 주요개념 204

1) 집단 목적(group goal) | 2) 집단지도력(group leadership) | 3) 의사소통 | 4) 상호작용 | 5) 집단결속력(group cohesion) | 6) 사회통제(social control) | 7) 집단 문화(group culture)

3. 집단발달에 대한 관점 208

1) 사전단계 | 2) 초기단계

4. 사회복지실천에 대한 적용 209

1) 심리적 건강과 증상에 대한 관점 | 2) 개입목표와 과정 | 3) 개입기법

〈 출제경향 파악 〉**211**

제20장 / 생태학적 이론 ━━━━━━━━━━

1. 인간관과 가정 213

1) 인간관 | 2) 기본 가정

2. 주요 개념 214

1) 생태학적 이론의 주요 개념 | 2) 인간의 특성 관련 주요 개념 | 3) 환경의 특성 관련 주요 개념 | 4) 인간과 환경 간의 상호 교류 주요 개념

3. 인간 발달에 대한 관점 217

4. 사회복지실천에의 적용 217

1) 적응과 부적응에 대한 관점 | 2) 개입목표 | 3) 개입기법

〈 출제경향 파악 〉**220**

제21장 / 일반체계이론 ━━━━━━━━━━

1. 체계이론의 철학적 · 경험적 기초 221

1) 체계이론의 인간에 대한 이해와 철학적 견해 | 2) 환경 속의 인간의 관점 | 3) 사회문화적 존재로서의 인간 | 4) 체계와 함께 성장하고 발달하는 전인격적 존재로서의 인간

2. 일반체계이론 222

1) 체계의 구조적 특성 | 2) 체계의 2유형과 시너지 | 3) 체계의 역동적 속성 | 4) 체계의 과정적 속성

3. 사회복지실천에의 적용 226

1) 적응적 체계와 증상에 대한 관점 | 2) 개입목표와 과정 | 3) 개입기법

〈 출제경향 파악 〉 **229**

제22장 / 생태체계이론

1. 생태체계이론의 구성 231

1) 생태체계이론의 관점 | 2) 생태체계이론의 개념 구성 | 3) 일반체계이론의 한계점 극복

2. 생태체계이론의 주요 개념 232

1) 인간과 환경 간의 관계 | 2) 적응적 적합성 및 적응 | 3) 환경

3. 생태체계이론과 사회복지실천 236

1) 사정도구로서 생태체계이론

〈 출제경향 파악 〉 **239**

제23장 / 사회체계와 인간행동(1)

1. 사회체계의 이해 241

1) 인간과 환경체계의 상호작용

2. 사회체계의 개념과 특성 241

1) 개념 | 2) 체계

3. 가족과 인간행동 243

1) 가족의 개념 | 2) 가족의 특성 | 3) 가족이 인간행동에 미치는 영향 | 4) 가족과 사회복지실천

4. 집단과 인간행동 246

1) 집단의 개념 | 2) 집단의 특성 | 3) 집단의 유형 | 4) 집단이 인간행동에 미치는 영향 | 5) 집단과 사회복지실천

〈 출제경향 파악 〉 **251**

제24장 / 사회체계와 인간행동(2) ━━━━━

1. 조직과 인간행동 253

1) 조직의 개념 | 2) 조직의 특성과 유형 | 3) 조직이 인간행동에 미치는 영향 | 4) 조직과 사회복지실천

2. 지역사회와 인간행동 256

1) 지역사회의 개념 | 2) 지역사회의 특성과 유형 | 3) 지역사회가 인간행동에 미치는 영향 | 4) 지역사회와 사회복지실천

3. 문화와 인간행동 258

1) 문화의 개념 | 2) 문화의 특성 | 3) 문화가 인간행동에 미치는 영향 | 4) 문화와 사회복지실천

4. 가상공간과 인간행동 260

1) 가상공간의 개념 | 2) 가상공간의 특성 | 3) 가상공간이 인간행동에 미치는 영향 | 4) 가상공간과 사회복지실천

〈 출제경향 파악 〉 **262**

참고문헌 **264**

제1장
|
인간행동, 사회환경, 사회복지

1. 인간행동과 사회환경에 대한 기본 이해 ★★

사회복지전문직에서 인간 이해를 위하여 사용하는 방법은 크게 <u>미시적 접근방법</u>과 <u>거시적 접근방법</u> 두 가지가 있음

1) 인간행동의 이해

(1) 인간행동의 개념

① 사회복지전문직의 <u>미시적 인간 이해 방법</u>은 주로 인간행동(human behavior)에 <u>초점을 둠.</u> 사회복지전문직에서의 인간행동은 겉으로 드러난 관찰 가능한 행동뿐만 아니라 개인의 인지, 정서, 무의식 등의 심리적 요인까지도 모두 포괄하며, 더 나아가 그 사람이 처해 있는 상황적 요인까지도 내포함

② 사회복지전문직에서 사용하고 있는 '인간행동'이라는 용어는 관찰 가능한 신체적 움직임에 국한되지 않고, <u>개인의 심리적 측면과 그가 처함 상황적 측면까지를 모두 포괄</u>하는 광의의 개념임

> • 미시적 접근방법: 인간 자체에 초점을 두고, 인간이라는 유기체가 어떤 요인

으로 구성되어 있으며 각 구성요소의 기능은 무엇이고, 이들 요소 간에 어떤 상호작용이 이루어지며 그 결과는 무엇인지를 파악하는 방법으로, 주로 인간의 행동을 중심으로 인간을 이해하려 함
- 거시적 접근방법: 인간 자체보다는 인간을 둘러싸고 있는 환경과 인간 사이의 관계를 중심으로 인간을 이해하는 방법임. 인간이 환경 중에서도 특히 사회환경으로부터 어떤 영향을 받고, 사회환경에 어떤 영향을 미치는가를 중심으로 인간을 이해하려 함

(2) 전체로서의 인간

인간행동을 정확히 이해하기 위해서는 인간의 신체 · 심리 · 사회적 요인이 통합되어 있는 전체로서의 인간(human being as a whole)으로 이해하여야 함
① 인간발달 즉, 신체 · 심리 · 사회적 존재(bio-psycho-social being)인 인간의 수정에서부터 사망에 이르기까지의 변화와 안정성
② 이상행동의 주요 결정요인인 성격
③ 이상행동 또는 부적응 행동

(3) 발달의 이해 ★★★

인간의 신체 · 심리 · 사회적 요인과 이들 요인 간의 상호작용은 수정에서부터 사망에 이르기까지의 전 생애에 걸쳐 성장, 성숙, 노화라고 하는 역동적인 변화과정을 거침. 이와 같은 인간의 성장, 성숙, 노화의 과정을 발달이라고 함. 인간행동을 이해하기 위해서는 인간의 성장, 성숙, 노화의 과정인 발달에 대한 정확한 이해를 갖추어야 함

(4) 성격의 이해

① 인간행동은 주로 개인의 성격에 의해 결정되므로, 인간행동을 이해하기 위해서는 인간 발달뿐만 아니라 인간의 성격을 이해하여야 함
② 인간의 성격을 이해하게 되면 인간행동을 있는 그대로 기술(description)하고, 그 행동의 원인을 설명(explanation)할 수 있게 되며, 미래를 예측(prediction)하고 그 행동을 바람직한 형태로 변화 또는 통제(control)할 수 있는 사회복지실천의 방

안을 찾을 수 있게 됨

(5) 이상행동의 이해 ★★★

① 사회복지실천 목표 중의 하나는 인간의 변화 중에서도 특히 행동의 변화를 일으키는 것임. 이때 변화가 필요한 내담자(client)의 행동을 이상행동(abnormal behavior) 또는 부적응 행동(maladaptive behavior)이라고 함

② 사회복지실천에서는 개인, 집단, 가족 수준에서 도움을 받는 내담자의 이상행동이나 부적응 행동을 바람직한 적응행동으로 변화시키고 내담자의 사회적 기능을 향상하는 데 목표를 둠

③ 이상행동의 특성 ★★
- 사회문화적 규범에서 벗어나는 행동
- 이상적 인간행동 유형에서 벗어나는 행동
- 통계적으로 보통 사람의 평균적 특성에서 벗어나는 행동
- 환경의 요구에 순응하거나 환경을 변화시키는 환경과의 적응능력을 저하하는 행동
- 개인에게 불편감, 고통, 심리적 갈등을 유발하는 행동 등과 같은 부적응적 심리 특성

2) 사회환경의 이해

(1) 환경의 이해

① 인간은 환경 속에 있는 존재이므로, 인간의 생존과 삶의 양상은 환경과 맺는 상호작용의 질에 의해 결정됨

② '인간'이라는 용어의 좀 더 정확한 표현은 '환경 속의 인간체계(person in environment system: PIE system)'라 할 수 있음

(2) 인간의 환경

① 인간의 환경은 내부환경인 사회환경(social environment)과 외부환경인 물리적 환경(physical environment)을 말함. 물리적 환경은 자연적 환경(natural world)

과 인위적 환경(built world)으로 구분됨

② 물리적 환경이 인간의 생존을 좌우하는 필요조건이라면, 물리적 환경 위에 형성된 사회환경은 다양한 인간의 삶이 펼쳐질 수 있게 하는 충분조건이라고 할 수 있음

③ 사회환경이란 인간의 삶과 행동에 직접 혹은 간접적인 영향을 미치는 조건, 상황, 그리고 인간 존재 간의 상호관계를 의미함

(3) 사회환경 체계 ★★★

① 미시체계(micro system): 가장 작은 단위, 개인

② 중간체계(mezzo system): 개인이 접촉하고 관계를 맺고 있는 타인, 가족, 집단 등

③ 거시체계(macro system): 지역사회, 조직, 사회제도, 문화 등

(4) 생태체계

① 인간을 둘러싸고 있는 물리적 환경과 사회환경은 인간의 삶과 행동에 직간접적인 영향을 주고받음

② 물리적 환경과 사회환경은 상호작용하고 상호 영향을 미치는 하나의 통합된 체계로서의 속성을 지님. 이러한 두 환경의 상호 관련성을 고려하여, 인간과 환경 간의 상호작용과 적응과정을 이해하는 데 초점을 두고 있는 생태학적 이론에서는 이 두 가지 환경을 생태체계(ecological system)라고 함

※ 사회복지전문직에서는 인간에 대한 정확한 이해뿐만 아니라 인간생활의 터전인 동시에 자원으로 활용하는 생태체계에 대한 이해를 반드시 갖추어야 함

2. 인간행동이론과 사회복지실천의 관계

1) 응용과학 ★★

(1) 사회복지는 순수과학이 아니라 응용과학, 실천학문임

① 이론(theory)보다는 실천(practice)이 더 강조됨

② 이론의 뒷받침이 없는 실천은 오류의 가능성이 높음. 따라서 사회복지전문직에서

는 심리학, 사회학, 정치학, 경제학 등 다른 전문직의 기초이론(foundation theory)을 절충 또는 통합적으로 활용하여 사회복지전문직 나름의 실천이론 (practice theory)을 구축하고 이에 근거하여 인간을 원조하는 실천행위를 전개해 나감

③ 기초이론은 인간과 환경의 상호작용에 관련되는 인간의 발달, 성장, 기능 및 역기능에 관한 지식체계이며, 실천이론은 사회복지사의 실질적인 개입 또는 원조활동에 관한 지식체계임

2) 이론이 사회복지실천에서 갖는 가치

학자	이론의 가치
Bloom(1984)	인간행동에 관한 이론은 인간행동의 이해와 실천행동을 위한 지식적 기반을 제공해 줌
Compton & Galaway (1984)	사회복지실천의 지식적 기반에는 인간체계의 발달, 변화 및 역기능 그리고 체계간의 상호관계를 설명해 줄 수 있는 개념이 포함됨
Newman & Newman (1987)	이론을 통하여 인간의 안정성과 변화, 신체·인지·정서·사회적 기능 간의 상호작용을 설명하고, 사회적 맥락이 개인의 발달에 미치는 영향을 설명할 수 있게 됨
Turner(1996)	이론은 인간행동의 원인에 관한 설명력을 지니고 있기 때문에, 사회복지실천가는 더욱 책임 있고 효과적인 개입을 할 수 있게 됨
Zastrow & Kirst-Ashman(2001)	인간행동과 사회환경에 대한 이론은 사회복지실천의 사정과 개입에 필요한 기초지식을 제공해 줌

3) 이론의 적용과 한계

(1) 적용

① 사회복지사는 인간 발달이나 성격, 사회체계에 대한 이론을 의식적이고 명시적으로 적용함으로써, 계획적이고 전문적인 개입과정을 통하여 인간을 원조할 수 있어야 함

② 사회복지사가 내담자의 욕구와 문제를 어떤 이론에 근거하여 어떤 방식으로 규정하는가에 따라 문제해결방안이 달라짐

③ 인간행동과 사회환경에 대한 기초 지식을 학습하고 동시에 사회복지실천이론에 대한 동시에 사회복지실천이론에 대한 지식과 기술을 갖춘다면, 사회복지사는 개

인, 가족, 집단, 사회체계의 사회적 기능을 증진할 수 있도록 원조하는 전문직의 사명을 수행할 수 있을 것임

(2) 한계

① 과학적 이론이라 해도 인간행동과 사회환경을 정확히 설명하는 데는 어느 정도 한계가 있으므로, 하나의 이론으로 모든 현상을 포괄적으로 설명하고 예측할 수는 없음

② 사회복지사는 자신이 선호하는 특정이론을 근거로 실천을 하되, 그 이론의 한계를 보완할 수 있는 이론을 학습할 필요가 있으며, 몇 가지 이론을 절충 또는 통합적으로 활용하는 것도 고려해야 할 것임

01) 인간 발단단계에 대한 설명으로 올바른 것은?　　　　　(8회 기출)

① 이전 발달과업은 언제든지 달성 가능하다.

② 중요하고 의미 있는 변화를 보이는 영역은 발달단계마다 동일하다.

③ 청소년기와 노년기의 발달이 더 중요하다.

④ 인간 발달은 환경 속의 인간이라는 관계 맥락에서 이해되어야 한다.

⑤ 인간 발달과 사회문화적 배경요소와는 관련성이 없다.

☞ 해설

① 어떤 특정한 발달 과업을 성취하는 데는 적절한 시기가 있음(발달의 적기성). 그 시기를 놓치면 다음 시기에 보완되기 어려움.

② 발달단계란 발달상에서 어떤 과제의 성취와 특정한 측면의 발달이 강조되는 삶의 기간을 말함. 발달단계마다 발달과업이 있음

③ 아동기는 일생의 기초가 형성되는 기간. 아동발달의 모든 경험은 성인기 행동의 여려 특성을 결정하는 원인이 됨.

⑤ 발달은 유전과 환경의 상호작용의 결과로 전 생애에 걸쳐 연속적으로 일어나는 변화의 과정임.

정답 ④

02) 인생주기별 주요 발달과업의 연결이 옳은 것은?　　　　　(11회 기출)

① 영아기(0~2세) – 애착발달, 자기중심성, 직관적 사고

② 아동기(7~12세) – 자존감의 발달, 부모로부터 독립

③ 청소년기(13~18세) – 자아정체감 형성, 형식적 조작 사고 발달

④ 중년기(40~64세) – 직업선택, 도덕성 발달, 노부모 부양

⑤ 노년기(65세 이상) – 가족 내 역할 변화와 적응, 만족스러운 직업 성취

☞ 해설

① 애착발달은 영아기(0~2세), 자기중심성과 직관적 사고는 전조작기인 학령전기(3~6세)에 해당

② 자존감의 발달은 아동기(7~12세), 부모로부터 독립은 청소년기(13~18세)와 청년기(19~39세)에 해당

④ 노부모 부양은 중년기(40~64세)에 해당. 도덕성 발달은 학령전기(3~6세)부터 시작. 직업선택은 청년기(19~39세)에 해당

⑤ 만족스런 직업 성취는 중년기(40~64세)에 해당

정답 ③

제2장
|
생애발달 및 태내기

1. 생애발달이론의 유용성

1) 인간발달에 관한 연구가 설명하고자 하는 것 ★★★

① 태아기부터 노년기에 이르기까지 인간의 생애는 어떤 발달과정으로 이루어지는가?

② 전 생애에 걸친 발달과 변화에 영향을 미치는 요소들은 무엇인가? 유전적 요소인 가? 환경적 요소인가?

③ 인간발달에서 육체적 · 인지적 · 정서적 · 사회적 기능은 어떻게 상호작용하는가? 즉, 신체적 건강상태, 사고, 감정, 사회적 요소 간의 결합을 어떻게 설명할 수 있는가?

④ 각 단계에서 중요한 사회적 관계는 인간발달에 어떠한 영향을 미치는가?

2) 인간발달이 사회복지실천에 기여할 수 있는 점

① 생애주기(life-cycle)를 순서대로 정리할 수 있게 해줌

② 각 단계에서 개인이 수행해야 할 과제들을 제시해 줌

③ 각 단계에서 그 단계의 발달에 기여하는 요소들을 제시해 줌

④ 각 단계에서 발달의 내용을 구성하는 신체 · 심리 · 사회적 요소들과 그 요소들 간

의 관계를 보여줌

⑤ 결혼, 퇴직과 같은 생활변천(life-transition)에서 변화와 안정의 차원을 파악할 수 있게 해줌

⑥ 수태로부터 사망에 이를 때까지 변화하거나 지속되는 과정을 제시해 줌

⑦ 이전단계의 결과로서 출현하는 각 발달단계의 특징에 대해 설명해 줌

⑧ 이전단계의 결과가 각 발달단계의 성공이나 실패에 미치는 영향을 보여줌

⑨ 발달에서 개인적 차이가 존재하는 것을 보여줌

3) 인간발달에 관한 지식의 중요성

① 사회복지실천 과정 중에서 인간발달에 관한 지식은 특히 문제에 대한 사정과 관련 됨. 사회복지실천에서 사정을 통해 클라이언트, 클라이언트의 문제, 클라이언트의 문제가 놓여 있는 상황에 대해 정확하게 이해하고 평가하는 것은 효과적 개입을 위해 매우 중요함

② 인간의 보편적 발달. 이것은 인간의 생애에 걸쳐서 보편적으로 일어나는 신체적 · 심리적 · 사회적 발달로, 성장과정에서 누구나 일반적으로 경험하는 현상임

③ 인생의 특정한 시기에 공통적으로 맞게 되는 삶의 사건들(life-events)로서 특정한 삶의 사건들은 대부분 특정한 삶의 단계에서 일어남

④ 신체적 특징, 사회적 계층 등에서 사회의 주류(majority)에서 벗어난 소수집단 (minority)의 특징을 지닌 것이 인간 행동과 발달에 영향을 미침

2. 성장과 성숙

1) 발달과 유사한 의미로 사용되는 용어 ★★★

(1) 성장(growth)

신체 크기의 증대, 근력 증가 등과 같은 양적 확대를 의미함. 이에 비해 발달은 신체 뿐만 아니라 심리적 측면과 사회적 측면을 포함하며, 양적 확대뿐만 아니라 양과 질 의 상승적 · 퇴행적 변화를 모두 포함하기 때문에 성장보다 넓은 개념으로 볼 수 있음

(2) 성숙(maturation) ★

경험이나 훈련에 관계없이 인간의 내적 또는 유전적 기제의 작용에 의해 나타나는 체계적이고도 규칙적으로 진행되는 신체적 및 심리적 변화를 의미함

(3) 학습(learning) ★

경험이나 훈련 또는 연습의 결과로 일어나는 개인의 내적 변화를 의미함. 발달은 경험이나 훈련은 물론 유전적 요인으로 일어나는 변화까지 포함하며, 내적인 변화뿐 아니라 외적인 변화까지도 포함하기 때문에 더 넓은 의미를 지닌다고 볼 수 있음

> ※ 발달은 환경의 영향을 받아 이루어지는 신체적·정서적인 변화로 질적 변화와 영적 변화를 둘 다 수반하는 변화를 지칭함.

2) 발달의 특성

(1) 유전(성숙)과 환경(학습)의 상호작용의 원리

인간의 성장과 발달은 생물학적·뇌생리학적 성숙과 후천적인 학습이라는 두 가지의 상호작용의 결과임

(2) 일정한 방향과 순서의 원리

① 발달에는 일정한 방향과 순서가 있음
- 모든 어린이는 앉기 시작 후에 설 수 있으며, 목 운동이 가능해야 몸을 뒤집을 수 있음
- 한 단어를 사용하기 시작해서 점차적으로 어려운 단어와 문장을 말할 수 있게 됨. 이는 시간의 흐름과 같이 거꾸로 진행할 수 없는 과정임

② 발달이 진행되는 기본 원리
- 발달은 상체에서 하체로 진행됨. 머리에서 손이나 발쪽으로 발달해 감
- 발달은 중추에서부터 말초로 발달이 진행됨
- 전체운동에서 부분운동으로, 또는 전신운동에서 특수운동으로 발달함
- 구조의 변화가 기능의 변화보다 먼저 이루어짐. 신체적인 발달이 먼저 준비되고

완성된 후에야 기능적으로 발달하게 됨

(3) 장기적 · 단기적 발달의 원리
인간의 발달은 연속적이고 계속적으로 이루어지는 과정이지만 시기별로 그 속도가 일정한 것은 아님

(4) 개인차의 원리
일반적으로 모든 아동의 경우 발달은 보편적인 순서에 따라 진행되지만, 발달에는 개별성, 혹은 개인차가 있기 때문에 연령이나 성별이 같다고 해도 신장이나 체중은 물론 지능과 성격 등의 발달속도에 있어서 다를 수가 있음

(5) 분화와 통합의 원리
① 인간의 각 기관이나 기능은 처음에 분화되어 있지 않으나 점차 부분적이고 특수한 형태로 분화되어 가며, 그와 동시에 분화된 기간과 기능들이 서로 통합되어 새로운 체제를 형성함
② 아기는 물건을 잡으려 할 때 처음엔 먼저 몸을 물건 쪽으로 구부리다가 이 활동이 분화되어 팔을 뻗치고, 이것이 다시 분화되어 손목을 움직이며, 거듭 분화되어 손가락을 사용하게 됨

(6) 발달경향 예측의 어려움
① 유아기에는 유전적인 요인의 영향을 더 많이 받으나, 나이가 들어 갈수록 환경의 영향을 더 많이 받게 됨
② 유전적 요인에 의한 변화, 즉 성숙은 어느 정도 프로그램화되어있어 예측이 쉬우나 환경에 의한 변화, 즉 학습과 경험은 예측이 어려움

(7) 상관성의 원리 ★★
① 발달의 각 측면은 상호 밀접히 관련되어 있음. 신체발달은 지적인 발달이나 도덕성과 관련되어 있고, 정서발달 역시 사회성 발달이나 성격발달과 관련되어 있음.

그러므로 한 측면의 발달은 다른 여러 측면의 발달과 각기 독립적으로 이루어지는 것이 아니라 서로 밀접히 관련되어 영향을 주고받음
② 신체발달에서 조숙한 아동이 지적발달에서 앞서기도 하며, 신체발달이 빠른 아동이 성취동기도 높고 경쟁적이며 호기심이 강하기 때문에, 적극적인 성격으로 발달할 수 있음

3. 태내기

1) 태내기의 개념 및 특성
① 수정 후부터 약 280일 동안 태아는 어머니의 체내에서 성장하게 됨. 이 기간 동안 태아의 여러 신체기관이 형성되고, 기능이 시작되며, 기관의 크기와 무게가 급속히 증가함. 태내발달은 어머니의 체내에서 이루어지지만 다른 어느 시기 못지않게 환경의 영향을 크게 받으며 그 영향을 치명적일 수 있음
② 태아의 발달에 영향을 미치는 모체의 요인 및 환경적 요인들을 이해하는 것이 정상적인 태내발달을 이해하기 위한 중요한 과제가 될 것임

2) 태내기의 발달
태내발달은 수정에서부터 임신 3개월까지의 임신 1단계, 임신 4~6개월까지의 임신 2단계, 임신 7개월부터 출산까지의 임신 3단계로 나누어 살펴 볼 수 있음

(1) 임신 1단계의 발달
① 수정에서부터 임신 3개월까지의 시기
- 배아가 빠른 속도로 분화하고 조직이 발달하며 접합자는 수정 후 1~2주일 정도가 지나면 자궁벽에 부착되어 착상됨
- 착상 후 3주 동안에는 양막 주머니가 형성되며, 동시에 태반도 형성됨
- 태반은 모체의 신체와 태아를 연결시키고, 성인에게 적합한 상태로 되어 있는 물질을 태아에게 적합한 물질로 변형시키며, 태아에게 유해한 물질의 침입을 막아줌

- 태반은 탯줄을 통하여 수분, 산소, 혈액 등 태아가 필요로 하는 영양분을 공급하고 배설물 등의 불필요한 노폐물을 배출하는 기능을 하게 됨
② 수정 후 약 2~8주 사이에 해당되는 시기
  - 배아기 동안에 수정체의 내면은 외배엽, 중배엽, 내배엽 세 개의 층으로 분리되며, 외배엽으로부터 머리카락, 손톱, 발톱, 피부의 외층, 감각세포 및 신경계가 형성됨
  - 중배엽으로부터는 근육, 골격, 순환계와 피부의 내층이 형성되며, 내배엽으로부터는 자기, 호흡기, 기관지, 폐 등의 기관들이 형성됨
  - 말엽에 심장과 뇌 등 형성된 순환계와 신경계가 기능을 시작하게 됨

(2) 임신 2단계의 발달

임신 4~6개월 사이
- 태아의 크기는 7~8cm에서 25cm까지 성장하고 몸무게는 30g에서 900g까지 증가함
- 임신 4개월경의 태아는 탯줄과 입을 통해 양수를 흡입하여 필요한 영양분을 흡수하는데, 단맛을 선호하는 경향이 있음
- 4개월 말경이면 모체는 태동을 느끼며, 5개월에는 빨기, 삼키기, 딸꾹질 등의 반응이 나타남
- 5개월 말에는 손톱과 발톱이 생기며, 부드러운 솜털이 나기 시작함
- 6개월에는 눈의 기능이 발달하여 깜박일 수 있게 됨

(3) 임신 3단계의 발달

임신 7개월부터 출산까지의 시기
- 태아는 약 50cm에 3.2kg까지 성장하며, 30주가 지나면 신경계의 조절능력이 생기고 생존이 가능해지므로 임신 210일을 생존가능연령이라고 함
- 임신 9개월 말경에는 태반이 퇴화되기 시작하므로 어머니의 항체가 태아의 혈액에 유입되어 출생 후 몇 개월 동안 태아는 질병에 대한 저항력을 갖게 됨
- 분만과정은 대개 출산 10~14일 이전부터 태아의 머리가 골반 부위로 내려오면

서 나타나는 불규칙적인 자궁수축으로 인한 가진통을 경험하게 됨
- 분만과정은 세 단계로 구분되는데, 첫 번째 단계에서는 자궁경부가 열리며, 양수
가 터지기 시작함. 두 번째 단계는 아이가 실제로 태어나는 단계이며, 세 번째 단
계는 산후과정으로 태반과 기타 부산물이 지속적인 자궁수축의 결과 밖으로 나
오게 되는 단계임

(4) 태내발달에 영향을 미치는 요인
① 유전적 요인에 의한 주요 발달 장애 ★★

발달장애	유전적 원인과 발달 특성
터너(Turner) 증후군	X염색체가 1개이며 전체 염색체 수가 45개인 성염색체 이상으로, 외견상 여성이지만 여성호르몬의 부족으로 2차 성징이 나타나지 않음. 난소가 기능을 제대로 하지 못하여 생식을 하지 못하며, 목이 가늘고 키가 작음
클라인펠터 (Klinefelter) 증후군	XXY, XXXY, XXXXY 성염색체를 가지고 있어 남성의 특성이 약하고, 사춘기에 가슴과 엉덩이가 커지는 등 여성적인 2차 성징이 나타남. 고환이 미성숙하여 정자의 생산이 불가능하므로 생식이 불가능함
X염색체 결함 증후군	여성보다는 남성에게서 더 많이 발생하고, 얼굴이 길고, 당나귀 귀의 모양을 하고 있으며, 고환이 비대함. 지적장애, 언어장애, 자폐증 등의 장애가 나타나기도 함
다운증후군	몽고증이라고도 불리며, 23쌍의 염색체 중 21번 염색체 이상에 의해 유발되며, 머리가 작고 뒷머리는 납작하며, 팔다리가 짧고 통통함. 성격이 밝고 다정하며 쾌활하여 사교성이 좋음
혈우병	혈액이 응고되지 않은 선천적 장애로, 성염색체인 X염색체의 이상에 의해 발병되며, 질병 저항력이 약함
페닐케톤뇨증 (PKU)	페닐알라닌이라는 단백질 분해효소가 결여되어 소변에 페닐피루브산이 함유되어 배출되는 증상임. 금발, 백안, 치아 사이가 많이 벌어져 있으며, 굽은 자세, 운동과다, 떨거나 반복적 손가락 놀림이 특성임

② 환경적 요인의 영향
- 임산부 연령, 분만 횟수, 영양상태, 질병, 스트레스, 약물복용, 흡연, 음주 등
- 아버지의 영향: 흡연, 특정 화약약품에 노출되는 직업 등

3) 사회복지실천에서의 관심 영역
(1) 신체적 발달의 관심 영역
불임, 임산부의 건강문제, 선천성 장애 등에 관심이 필요함

(2) 심리적 발달의 관심 영역

의도하지 않은 임신, 낙태, 임산부 교육집단, 사회지지망, 상담, 태교, 산후우울증 등에 관심이 필요함

(3) 사회적 발달의 관심 영역

빈곤가족, 임신·출산 의료비 지원, 출산 전후 휴가제도, 가족역할 재조정 등에 관심이 필요함

01) 인간 발달이론 연구의 유용성에 대한 설명으로 올바른 것은?

(8회 기출)

① 발달이 끊임없이 상승적 방향으로 진행됨을 이해하는 데 유용하다.

② 발달의 신체, 심리, 사회적 기능 간의 상호관계성을 이해하는 데 유용하다.

③ 개개인의 발달 차이는 중요하지 않다는 것을 인식하는데 유용하다.

④ 이상행동이나 부적응 문제의 원인을 단일적으로 파악하는데 있어서 유용하다.

⑤ 환경과의 관계망보다는 인간관계상의 상호작용을 이해하는데 유용하다.

☞ 해설

① 발달은 상승적 변화뿐만 아니라 하강적 혹은 퇴행적 변화까지 포함함

③ 성장률 및 성장의 개인차를 알 수 있음

④ 이상행동이나 부적응의 문제를 신체, 심리, 사회적 영역들의 상호작용과 상황적 맥락에서 다각도로 파악하는 데 유용함

⑤ 환경과의 관계망과 인간관계상의 상호작용 모두를 이해하는 데 유용함

정답 ②

02) 태아기의 유전성 질환에 관한 설명으로 옳지 않은 것은?

(15회 기출)

① 유전성 질환은 유전자 이상으로 발생하는 신체적 · 정신적 이상을 모두 가리키는 것이다.

② 유전자 이상으로 인한 장애에 묘성(cat-cry) 증후군이 포함된다.

③ 유전성 질환은 유전적 요인과 환경적 요인의 상호작용에 의해 발생할 수 있다.

④ 유전성 질환을 가진 태아는 임신초기에 유산된다.

⑤ 유전질환 가능성을 알기 위하여 임신 15~17주 경 양수를 채취하여 진단할 수 있으나 태아에 손상을 줄 우려가 있다.

37

☞ 해설
유전성 질환을 가진 태아는 대부분 임신초기에 자연유산되나, 선천성 이상 결함을 가진 채 출산되기도 함

정답 ④

제3장
|
영아기

1. 신생아기의 개념 및 발달

1) 신생아기의 개념

① 신생아(neonate)란 의학적으로는 출생 후 약 2주간, 발달심리학에서는 약 1개월
   간의 어린아기를 말함
② 신생아기의 발달은 출생 전 태내기의 발달의 연속이라 볼 수 있으며 보호자의 전
   적인 보호에 의존하여 생명을 유지함

2) 신생아기의 발달

(1) 신체적 발달

① 평균신장 50~52cm, 평균체중 3.2~3.4kg 정도이며, 2.5kg 미만인 경우 저체중
   아 또는 미숙아로 분류됨
② 첫돌 무렵에는 머리둘레와 가슴둘레가 같아지며, 이후부터 점차 가슴둘레가 커짐.
   맥박은 1분에 120~160회. 호흡은 1분당 33~45회 정도로 불규칙적 복식호흡을
   함. 만약 호흡조절과 관련된 뇌기능에 이상이 있는 경우에는 호흡반사를 의식적이

고 자발적인 호흡으로 대체하지 못하여, 영아돌연사증후군(sudden infant death syndrome)이 나타남

③ 신생아는 신경근육계통의 미분화로 인하여 생후 10일 동안은 전신운동이 가장 활발하게 이루어짐. 신생아의 특수운동은 주로 뇌간에 의해 통제되는 20여 가지의 무의식적 반사운동과 관련되어 있음

〈 신생아의 주요 반사운동 〉★★

반사운동 유형		반사운동의 내용
생존반사	젖찾기 반사 (rooting reflex)	입 부근에 부드러운 자극을 주면 자극이 있는 쪽으로 입을 벌리는 반사운동
	빨기반사 (sucking reflex)	입에 닿는 것은 무엇이든 빠는 반사운동
	연하반사(삼키기반사) (swallowing reflex)	음식물을 삼키는 반사운동
원시반사	바빈스키 반사 (Babinski reflex)	발가락을 펴고 오므리는 반사운동으로 생후 1년경에 사라짐
	모로반사 (Moro reflex)	껴안는 반사운동으로 생후 3~4개월경에 사라짐
	파악반사 (grasping reflex)	손에 잡힌 것을 꽉 쥐고 놓지 않으려는 반사운동으로 3~4개월경에 사라짐
	걸음마반사 (stepping reflex)	겨드랑이를 잡고 살짝 들어 올려 발을 바닥에 닿게 하면 걸어가듯이 무릎을 구부려 발을 번갈아 바닥에 내려놓는 반사운동

(2) 심리적 발달

① 신생아는 하루에 16~20시간 정도 잠을 자며, 영아의 수면 중 50% 정도가 렘수면(rapid eye movement sleeping)상태이지만, 이는 차츰 감소하여 성인이 되면 20~25% 정도로 줄어듦

② 신생아기의 심리적 발달은 주로 감각기관을 통해 대상의 성격을 인지하고 이에 반응함으로써 이루어짐

③ 신생아에게 감각기관의 장애가 있을 때에는 인지 발달의 지연이나 장애가 나타날 가능성이 높음

(3) 사회적 발달

① 신생아는 태내 발달을 통해 최소한의 생존능력을 갖추긴 하였지만, 출산 이후의 비보호적인 환경에서 생존하기 위해서는 어머니의 모성애적 보호가 절대적으로 필요함

② 신생아의 사회적 발달은 미소반응을 통해 확인할 수 있음. 신생아의 경우 생후 1개월 전에는 무의식적인 반사적 미소(gas smile) 반응을 보이지만, 생후 5주부터 사회적 미소를 보이며, 생후 4개월경에는 미소반응이 분화됨

(4) 사회복지실천에서의 관심 영역

① 빈곤가족
② 선천성 장애
③ 여성의 경력단절

2. 영아기의 개념 및 발달

1) 영아기의 개념

① 2개월부터 만 2세까지의 시기
② 인간발달의 여러 영역에서 급속한 성장이 이루어지는 시기
③ 신체능력, 언어발달이 활발하게 이루어지며 성격발달의 기초가 되는 정서발달이 이루어져 성인에게서 볼 수 있는 대부분의 정서가 나타나게 됨
④ 이후의 사회성 발달에 중요한 영향을 미치는 애착관계를 형성하는 것이 필요하며, 인지발달을 촉진시키기 위해 여러 감각기관들의 자극이 필요한 시기임

2) 영아기 발달

(1) 영아기의 신체적 발달 ★★

① 제1의 성장급등기(first growth spurt): 출생 후 첫 1년-신체와 뇌의 급속한 성장
② 발달의 두미(頭尾) 원칙에 따라 몸통과 다리의 성장급등 현상이 강하게 나타남

③ 초기에는 매우 빠르게 성장하다가 점차 성장속도 둔화, 남아가 여아에 비해 키가 더 크고 몸무게가 더 많이 나가는 것이 특징

④ 생후 6개월경 젖니가 아래 앞니부터 나기 시작함

⑤ 골격: 성인의 골격보다 작고 수도 적고 유연. 사춘기까지 뼈가 단단해지는 경화 또는 골화 현상

⑥ 운동발달: 신체성장, 뼈와 근육의 성장, 신경계의 성숙 결과로 획득

⑦ 운동: 대근육운동, 소근육운동

⑧ 소근육을 사용한 협응운동(coordination) 발달

⑨ 영아의 운동은 개인차가 많음

(2) 영아기의 심리적 발달

① 뇌의 발달

 - 성인 뇌 무게 1400g 정도. 출생 시 영아의 뇌 무게는 성인의 25% 정도
 - 뇌의 부위별 발달시기가 다름
 - 뇌의 기능은 신경계의 기능을 의미함

② 감각 및 지각의 발달

 - 대뇌의 발달로 인하여 이루어지는 감각 및 지각 기능의 발달은 2세경 운동 발달과 유사한 수준에 이름
 - 청각능력은 출생 후 곧 성인 수준에 도달
 - 시각은 인간의 감각능력 중 가장 늦게 성숙
 - 후각은 출생 초기부터 발달
 - 미각은 태내에서도 어느 정도 기능, 영아기 후반에 미각이 예민해짐
 - 촉각은 출생 시 입술과 혀를 제외하고 그다지 발달되어 있지 않음
 - 영아기 대표적 시지각 발달: 형태지각, 깊이지각

③ 인지 발달

 - 영아기의 인지 발달은 감각기관과 운동기능 통해 이루어짐. 언어나 추상적 개념은 포함 안 됨
 - 영아는 직접 체험 통해 세상 이해

- 현상 간의 인과관계 이해(예, 울면 우유를 준다)
- 피아제 인지이론 중 감각운동단계(sensorimotor stage)(감각운동기관 통해 정보 수집)

※ 감각운동 6단계(피아제)

① 반사기: 출생 1개월까지 타고난 반사행동

② 1차 순환반응기: 생후 1~4개월. 영아가 어떤 행동을 하여 흥미로운 결과를 얻었을 때 이를 반복, 점차 대상 특성 발견, 대상의 요구에 따라 반응 수정해 감

③ 2차 순환반응기: 생후 4~8개월. 활동 자체의 흥미에서 벗어나 환경 내의 변화에 흥미를 갖고 활동 반복. 행동 결과 예측 가능하므로 자신의 욕구 충족 위해 의도적 행동 시작

④ 2차 순환반응협응기: 생후 8~12개월. 친숙한 행동이나 수단 사용하여 새로운 결과 얻으려 함. 의도적 목적적 행동

⑤ 3차 순환반응기: 생후 12~18개월. 친숙한 행동으로 목표 도달 전략 수정 사용하며 도식 자체가 크게 변화하고 능동적으로 새로운 수단 발견

⑥ 정신적 표상기(or 내적 통찰기): 18~24개월. 행동하기 전 사고하여 행동결과 예측, 수단과 목적의 관계에 대한 정신적 조작 가능

※ 도식(schema): 개념과 이들의 상호 관계에 대해 위계적으로 조직된 기술 체계. 도식은 경험을 통해 형성된 전형적 지식의 덩어리로 대상, 일련의 사건, 사회적 상황을 표상하며, 새로운 정보는 도식에 의해 표상되어 있는 기존의 정보와 상호 작용함

---

④ 정서발달
- 정서(emotion)의 개념: 외적 자극과 개인의 사고과정 및 감정 변화 사이의 관계를 나타내는 용어로서, 자극에 직면하여 발생하거나 자극에 수반되는 생리적 변화 또는 눈에 보이는 행동 등의 반응을 의미

⑤ 언어발달
- 영아기의 언어발달은 인지 및 사회성 발달과 밀접한 관련성 지님

- 학습이론: Skinner 등(학습이론가). 언어습득이 강화와 모방이라는 학습기제 통해 이루어진다고 봄
- 생득이론: Chomsky와 Lenneberg 등(생득이론가). <u>아동이 언어를 배울 수 있는 언어습득장치(language acquisition) 등을 갖고 태어난다고 봄</u>
- 상호작용이론: Vygotsky와 Brunner 등. 학습이론관점과 생득이론관점 종합. 언어 발달에서 생물적 성숙도 중요하지만 언어능력은 사회적 상황에 노출 정도에 달렸다고 주장
- 월령별 언어 발달: Lenneberg(1967). 영아기의 언어 발달 양상을 월령에 따라 제시
- 자기중심적 언어: 상대방 입장 이해 능력 없음. 성실하고 지혜로운 답변으로 언어습득 지원체계 마련 필요

3) 영아기의 사회적 발달 ★★

(1) 영아기 사회성 발달의 기본 원천: 기질, 모성인물과의 애착관계 형성, 대상영속성의 확립

① <u>기질(temperament)</u>: 한 개인의 행동양식과 정서적 반응 유형 의미.
② <u>모성인물과의 관계</u>: 영아의 기질 형성에는 부모, 특히 주된 양육자인 모성인물과의 관계가 중요한 영향을 미침
③ <u>애착(attachment)</u>: 영아와 보호자 사이에 형성되는 친밀한 정서적 유대감 의미

(2) 애착의 발달에 대한 견해

① 이론적 견해
- 정신분석이론: 영아가 수유욕구 통해 성적 본능 충족과정에서 발달
- 학습이론: 영아가 어머니와 눈을 맞추고 신체접촉 통해 청각 또는 촉각적 만족을 반복하면서 어머니와의 즐거운 감정이 2차적 강화인자 되어 애착 형성
- 인지발달이론: 인지발달과정에서 대상연속성을 형성하여야만 애착 형성 가능
- 동물행동학적 이론: 근본적으로 생존 유지와 보호를 위한 본능적인 결과로서 이미 애착 형성을 위한 기본적인 계획을 타고 난다고 보고 있음
② Harlow와 Zimmerman: 원숭이 실험 통해 수유보다는 접촉이 애착 형성의 더 중

요한 요인이라는 점 발견함.

③ Lorenz: 각인(imprinting) – 거위의 사회적 애착현상. 생후 초기 대상 애착

(3) Ainsworth(1973)의 애착 형성 4단계

1단계	출생~3개월	빨기, 젖찾기, 파악반사 등 통해 계속 대상에 머물러 있으려 함
2단계	3~6개월	애착 형성의 가장 결정적 시기. 친숙한 몇 사람에게만 선택적 반응. 낯가림 시작
3단계	7개월~걸음마기	영아가 능동적으로 타인과의 신체적 접근 추구. 9개월경-부모와 분리되기 싫어하는 분리불안(separation anxiety) 나타남. 24개월 정도-대상영속성(object permanence)형성
4단계	걸음마기 이후	부모의 애착행동 유발하기 위한 다양한 행동 시도

(4) Ainsworth(1979)의 애착의 유형 4가지 ★★★

애착유형	특징
안정애착형 (secure attachment)	주위를 탐색하기 위하여 어머니에게서 쉽게 떨어지며, 낯선 사람과도 상호작용을 하고, 어머니와 분리되었을 때에도 위안거리를 찾고 다시 탐색하며, 어머니가 돌아오면 반갑게 맞이하고 편안해짐
회피애착형 (avoidant attachment)	어머니에게 친밀한 반응을 보이지 않으며, 어머니와 분리되어도 울지 않고, 어머니가 돌아와도 무관심하거나 모른 척함
저항애착형 (resistent attachment)	어머니와 분리되기 전부터 불안하며, 어머니 옆에 붙어서 탐색을 하지 않으려 하고, 어머니와 분리되면 심한 분리불안을 느끼며, 어머니가 돌아와 안아 주어도 분노 표현하면서 소리를 지르거나 어머니를 밀어내는 행동
혼란애착형 (disorganized attachment)	불안정한 애착 유형의 가장 심한 형태로 회피애착형과 저항애착형이 결합된 형태, 어머니와 재결합하였을 때 냉담한 표정으로 어머니에게 접근하거나 어머니가 안아줘도 다른 곳을 쳐다 봄

※ **분리불안**(separation anxiety) ★★
 – 영아가 애착 대상과 분리될 때 나타내는 불안반응
 – 정상적인 애착유대를 형성한 영아들은 어머니와 분리되면 슬퍼하고 불안해 하며 심한 울음반응을 나타냄
 – 분리불안은 친숙 정도 및 분리기간과 같은 여러 요인들의 영향 받음
※ **낯가림**(stranger anxiety)
 – 영아가 낯선 사람에 대해 불안반응을 나타내는 현성. 대개 생후 5개월에서

> 15개월 사이에 나타남
> – 특정인에 대한 애착형성의 표시이며 영아의 탐색행동과 밀접한 관련이 있음

4) 사회복지실천에서의 관심 영역

(1) 신체적 발달의 관심 영역

① 선천성 장애와 난치성 질환의 문제

② 장애아를 둔 부모나 가족에 대한 지지적 서비스 제공, 부모의 부담 경감 및 가족 내 갈등 완화 위한 개입

③ 영아기의 신체적 발달과 관련하여 운동 발달장애에 관심

④ 사회복지사는 어머니와의 상담 통하여 영아의 운동 발달 수준 평가 및 필요시 의학적 진료와 재활치료 받을 수 있도록 의뢰할 수 있어야 함

(2) 심리적 발달의 관심 영역

① 감각 및 지각 발달 문제는 신체 발달뿐 아니라 심리사회적 발달에도 부정적 영향을 미침

② 사회복지사는 영아가 감각 및 지각 발달 정도에 대한 정확한 의료적 진단과 치료를 받을 수 있도록 의료기관에 의뢰. 어머니 정서적 지지상담 실시

③ 영아의 신경인지 발달장애에 관심 필요

④ 평균 이하의 지적 기능과 적응행동 결함의 지적장애아

⑤ 언어발달 장애 조기 개입

⑥ 부모교육 프로그램 개설

(3) 사회적 발달의 관심 영역

① 애착관계

② 자폐성 장애

③ 워킹맘

④ 영유아 보육시설

⑥ 입양이나 가정위탁보호

01) 신생아의 발바닥을 자극하면 발가락을 오므렸다 폈다하고 생후 1년 후에 사라지는
    반사는?   (2회 기출)
① 걷기 반사(stepping reflex)
② 쥐기/파악반사(grasping reflex)
③ 모로반사(Moro reflex)
④ 바빈스키 반사(Babinski reflex)
⑤ 연하반사(swallowing reflex)

☞ 해설
① 걷기반사: 아이를 똑바로 세워서 발이 평평한 표면에 닿게하면 마치 걷는 것처럼
   걸음을 내딛는 것, 걸음마 반사
② 쥐기/파악반사: 손바닥에 사물이 닿으면 그 사물 주변으로 손가락을 오므리는 반사
③ 모로반사: 큰 소음이 나거나 아이의 머리 위치를 갑자기 바꾸면 아이는 두 팔을 바
   깥으로 쫙 벌렸다가 두 팔을 서로 모으는 반사, 경악반사
④ 바빈스키 반사: 발바닥을 어루만지면 발가락을 부채처럼 폈다가 오므리는 반사
⑤ 연하반사: 음식물을 삼키는 반사운동

정답 ④

02) 영아기(0~2세)의 특징으로 옳은 것은?   (12회 기출)
① 서열화를 획득한다.
② 물활론적 사고를 한다.
③ 성적 호기심을 갖는다.
④ 애착관계를 형성한다.
⑤ 오이디푸스 콤플렉스를 경험한다.

☞ 해설

① 구체적 조작기(7~12세)

② 학령기 전기

③ 청소년기

⑤ 남근기(3~6세)

정답 ④

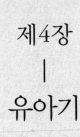

제4장
|
유아기

1. 유아기의 개념 및 발달

① 유아기(early childhood)는 3~7세에 해당하며, 영아기와 통합하여 논의하기도
   하고, 3~5세, 5~7세 유아의 상이한 발달 특성으로 세분하여 논하기도 함
② 3~5세를 걸음마기, 5~7세를 학령전기로 나누어 살펴볼 수 있음

1) 걸음마기의 개념
(1) 걸음마기(tlddlerhood)
3~5세, 걸음걸이가 아직 완전히 안정되지 못한 특성이 있음

(2) 걸음마기 발달 특성
3다(三多) 시기(다변, 다동, 다항, 多辯, 多動, 多抗)

2) 걸음마기의 발달
(1) 신체적 발달

① 제1 성장급등기인 영아기처럼 급속하지는 않으나 꾸준한 성장기
② 머리에 집중되어 있던 신체적 성장이 신체 하부로 확산되어 감
③ 만 2세부터 신체성장 둔화
④ 신체발달 위해 충분한 영양공급, 규칙적인 생활습관, 사고와 질병으로부터의 보호 필수
⑤ 유아는 질병이나 영양 상태에 의해 성장에 손상을 입을 수 있으나 건강 상태가 회복되고 적절한 영양 공급으로 따라잡기 성장(catch-up growth) 가능
⑥ 운동능력 정교화(뒤로 달리기, 기어오르기, 혼자 옷입기 등)
⑦ 걸음마기 유아의 운동 발달 속도와 질적 특성: 신체적 성숙, 동기, 학습 및 연습 기회, 성인의 지도방법, 장난감에 의해 결정
⑧ 전체운동과 부분운동을 함

(2) 심리적 발달

① 인지 발달 ★★★

인지발달 특성	발달 내용
지각 발달	– 부분적 형태 특성에만 관심, 상하보다 좌우 전도지각 능력 결핍으로 형태 판별 오류가 있음
형태항등성 (shape constancy)	– 바라보는 위치가 바뀌어도 형태는 그대로 유지되어 보이는 것 – 4세경에는 형태항등성 지각능력이 성인과 유사한 수준으로 발달
크기항등성 (size constancy)	– 거리에 따라 크기가 변하지 않음 – 영아기부터 발달 시작하여 8세경에 완전해짐
전개념적 사고 (preconceptual period)	– 영아기에 발달한 도식이 내적 표상(representatin)으로 전환되는 시기 – 사물을 상징적으로 조작 가능하나 성숙한 개념 활용 못함 – 특장: 상징적 사고, 자기중심적 사고, 물환론적 사고, 인공론적 사고, 전도 추리
상징직 사고	– 더 이상 자신의 행동이나 감각에 의존하지 않고 정신적 표상을 만들어내는 추상능력 – 모방, 싱징놀이, 언어기술 획득 가능해짐
자기중심적 사고	– 우주의 모든 현상을 자기 중심적으로 생각하는 사고. 다른 사람의 관점 고려하지 못함
물환론적 사고	– 생명이 없는 대상에게 생명과 감정을 부여하는 사고
인공론적 사고	– 자기중심성의 특별한 형태 – 세상의 모든 사물이나 자연현상이 사람의 필요에 의해서 자신의 목적에 맞게 쓰려고 만들어진 것이라 믿음
전도추리	– 한 가지 특정 사건으로부터 다른 특정 사건을 추론하는 사고

② 자기통제 및 자율성의 발달

자기통제 및 자율성의 발달 특성	발달 내용
자기통제(self contrlo)의 개념	– 외부의 요구에 자신을 일치시키는 능력, 상황에 따라 행동을 수정하는 능력, 행동을 연기하는 능력, 타인의 지시를 받지 않고 사회적으로 바람직한 행동을 하는 능력
대소변 훈련 (toilet training)	– 걸음마기 유아의 자기통제능력 획득 도구 – 개인의 자율성과 사회적 요구의 갈등이 최초로 일어나는 장(場) – 갈등의 성공적 해결이 자기통제능력 발달에 기여
분노통제	– 부모로부터의 행동제한, 또래나 형제와의 경쟁에서 무능력 지각 등으로 분노 표출하는 경우가 많아짐 – 유아는 부모의 언어적 설명이나 벌에 의해 분노를 통제하는 방법을 학습, 부모가 분노를 통제하는 행동 모방하여 분노통제능력 발달시킴
반항적 행동	– 부모와 자신이 분리된 별개의 존재라는 사실 인식 시작–요구사항이 많아지고, 자기방식대로 하려고 함. 부모로부터의 행동제한, 또래나 형제와의 경쟁에서 무능력 지각으로 분노표출–반항적 행동으로 보여짐
제1의 반항기 ★	– 자기주장적이고 반항적인 행동이 절정에 이르는 3~4세 경
자율성 ★ (autonomy)	– 자기주장적이고 반항적 행동을 통해 자율성의 심리적 기제 발달. – 부모가 유아의 자발적 시도 자체를 차단하거나 혼자서 한 활동이 실패로 돌아가는 경우–수치심 발달 – 자신의 능력에 대해 신뢰하지 못하는 자기의심 성향 강화되어 새로운 활동 회피 및 친숙한 활동만 수행

③ 사회적 발달

– 자아중심성과 왕성한 활동성으로 부모나 또래와의 갈등 초래 경향 있음

– 부모가 유아의 사회적 기준 가르치기 시작(훈육)

- 훈육: 특정 문화가 요구하는 가치체계에 유아의 행동을 일치시키는 수단인 동시에 유아가 스스로 자신의 행동 통제할 수 있는 학습 기회 부여 · 자아중심성 약화되고 사회성 발달 계기 마련
- 유도기법(Baumrind, 1971): 자아중심성 약화하고 사회성 증진에 가장 좋은 훈육 방법

– 성인과의 접촉보다 또래와의 접촉이 많아짐. 혼자놀이와 병렬놀이가 줄어들고 연합놀이와 협동놀이 증가하면서 사회성 발달이 빨라짐

3) 사회복지실천에서의 관심 영역

(1) 신체적 발달의 관심 영역

영양결핍, 안전사고, 주의력결핍/과잉행동 장애(ADHD)와 공격성

(2) 심리적 발달의 관심 영역

① 발달장애: 자폐성 장애(autism), 눌어증(stammering), 야뇨증(enuresis nocturma) 등
② 사회복지사 개입
- 자녀훈육: 부모 대상 유아와의 애정어린 신체접촉 유지, 외부 환경에 대한 유아의 자발적 탐색을 조장, 언어발달을 촉진할 수 있는 자극적 환경 제공 등 교육 프로그램 등 실시
- 가족상담: 걸음마기 유아의 자발적 환경을 조장해 줄 수 있는 훈육기술과 가족 분위기 조성방법에 대한 정보 제공 등

(3) 사회적 발달의 관심 영역

① 걸음마기 유아의 사회성 발달에 있어서 부모의 훈육방식은 매우 중요
② 부모역할 훈련 프로그램 개발 및 건전한 훈육방법과 놀이지도 기술 제고 필요
③ 물리적 방법에 의한 훈육의 사회성 발달 저해 뿐 아니라 공격성 증진, 신체적 학대 문제 등 문제 예방 및 욕구 평가에 의한 사례관리 서비스 제공 및 아동보호 전문기관 의뢰 등

4) 학령전기의 발달

(1) 신체적 발달

성장속도는 다소 느리지만 지속적 성장
① 골격: 연골 경화되어가는 골화 현상 진행(2세~청소년기까지)
② 성장판: 뼈의 양쪽 끝부분, 골단에 성장 촉진하는 연골. 성장 완성되면서 골단 가늘어지고 성장판 줄어들면 성장 멈춤
③ 출생시 여아의 골격 성숙이 남아보다 4주 정도 빠름. 5~6세경엔 1년 저도 차이가 남
④ 신체의 각 부분을 효율적으로 움직일 수 있고 균형을 유지할 수 있는 능력, 신체적

안정성 발달, 걷기, 뛰기 등을 통하여 이동능력 발달

⑤ 여러 가지 사물을 접하면서 각각의 특성에 따라 다양한 조절방법을 배우게 됨으로 써 조작적 능력이 발달하게 되는 것이 특징

⑥ 학령전기에는 모든 근육의 기능이 높은 수준까지 발달하기 때문에 다양한 운동 가능

⑦ 장난감보다는 자신의 몸을 이용한 운동 선호(달리기, 줄넘기, 축구, 자전거, 수 영 등)

⑧ 간단한 원이나 삼각형 그림에서 사물, 얼굴이나 집 그리기, 작은 공 던지고 받기 가능

(2) 심리적 발달

① 인지 발달

4~7세, 전조작적 사고 단계 중에서 직관적 사고 단계(intuitive period)

> ※ 직관적 사고: 어떤 사물을 볼 때 그 사물의 두드러진 특성을 바탕으로 판단하 는 사고

〈 인지발달 특성 〉 ★★★

인지발달 특성	발달 내용
불완전한 분류능력	수와 종류는 알지만 상위 개념과 하위 개념을 완전히 구분하지 못함
전도추리 (transductive reasoning)	걸음마기에 이어 사물이나 사건의 개별 특성만을 고려하여 추리하는 전도추 리 사고 유형이 지속적으로 나타남
중심화 경향 (centration)	전체 상황 중에서 하나의 차원이나 측면에만 주의를 기울이고 다른 차원은 무시하는 경향
불가역성 (irreversibility)	일련의 논리나 사건을 원래 상태로 되돌리지 못한다고 생각함
자아중심적 사고 (egocetrism)	타인의 관점과 역할을 고려하지 않은 채 자신의 입장에서 세계를 지각하는 자아중심적 사고가 나타나며, 여전히 자기중심적 언어를 많이 사용함

② 도덕성 발달

〈 피아제(1965)의 도덕성 발달 단계 〉★★

전도덕성 단계	– 5세 이전 걸음마기까지 – 인지 발달이 충분히 이루어지지 않아 도덕적 판단을 할 수 없다고 보고 이를 전도덕성 단계로 구분
타율적 도덕성 단계	– 학령전기인 5~7세 – 규칙을 어떤 권위자에 의해 주어진 고정불변의 것으로 반드시 지켜야 하는 것으로 간주 – 행동의 옳고 그름을 자신이 입게 되는 손해의 양이나 처벌 여부에 따라 판단함
자율적 도덕성 단계	– 7세 이후 – 사회적 규칙이나 질서가 다른 사람과의 협의 하에 결정되는 것을 이해하고 행동의 결과보다는 의도를 파악하여 옳고 그름을 판단

– 콜버그(1976, 1981)의 도덕성 발달 단계: 콜버그는 도덕적 갈등 상황에 대한 판단양식에 따라 도덕성 발달단계를 3수준 6단계로 구분하고 있음

〈 콜버그(1976, 1981)의 도덕성 발달 단계 〉★★

수준 및 단계		도덕적 발달 특성
전인습적 도덕기		개인적 보상을 얻고 처벌을 피하기 위해 권위자가 부여한 규칙에 복종
	1단계	벌과 복종 지향의 도덕성: 보상과 처벌의 기준에 따라 행동을 판단
	2단계	자기 이익 지향의 도덕성: 자신이나 사랑하는 사람에게 이익이 되는 정도에 따라 행동을 판단
인습적 도덕기		사회규칙을 유지하거나 다른 사람의 인정을 받기 위해 사회규범이나 사회규칙에 복종
	3단계	착한 아이 지향의 도덕성: 권위적 인물의 기대를 충족하고 인정받는 정도에 따라 행동 판단
	4단계	법과 질서 지향의 도덕성: 사회의 법률이나 규칙을 지지하는 정도에 따라 행동 판단
후인습적 도덕기		폭넓은 정의의 원칙에 따라 도덕적 판단을 하는데, 이때 정의는 법이나 권위자의 명령과 갈들을 일으킬 수 있음
	5단계	사회계약 지향의 도덕성: 개인의 권리를 존중하고 사회계약을 유지하는 정도에 따라 행동 판단
	6단계	보편적 원리 지향의 도덕성: 시대와 문화를 초월한 보편적 원리에 근거하여 행동 판단

- 행동주의이론: 환경적 보상과 처벌에 대한 반응의 결과로서 도덕성이 발달
- 사회학습이론가: 모델행동의 관찰을 통해 도덕적 행동을 학습하게 된다고 봄
- 정신분석이론: 4~6세경에 오이디푸스 또는 엘렉트라 콤플렉스(Oedipus or Electra complex) 해결 과정에서 동성의 부모를 동일시하면서 도덕성이 발달한다고 봄

③ 정서 발달
- 사랑, 분노, 공포, 좌절감 등의 여러 가지 감정을 다루고 적절한 방식으로 표현
- 충동과 사회적 요구 간에 균형을 유지할 수 있는 방법을 배움
- 정서발달의 특징: 호기심, 공포감, 부정적 정서 대처

(3) 사회적 발달

① 사회적 관점 수용능력
- 타인의 관점을 수용할 수 있는 능력의 발달과 직결되어 있음. 사회적 관점 수용 능력에 따라 사회적 발달 정도가 결정됨
- 타인의 관점 수용 능력(social perspective taking): 타인의 입장, 관점, 사고, 감정을 추론하고 감정이입적으로 타인의 감정을 이해하는 능력
- 학령전기에는 사회적 관점 수용 능력의 발달 수준이 낮아서, 대인관계상의 갈등을 객관적으로 해결하지는 못함

② 성역할 학습
- 성과 관련된 사회관계의 성향에 관심. 성에 따라 각기 다르게 기대되는 행동을 이해하고 자신의 성에 걸맞은 행동을 하고자 함으로써 성역할 인식 시작
- 문화에 따라 남아나 여아에게 기대하는 적절한 행동기준이 설정되어 있음
- 부모는 자신이 생각하는 문화적인 성역할 기준에 맞추어 자녀가 행동하도록 격려 or 처벌
- 부모의 기대와 문화적 기준에 맞는 성역할 기준을 내면화함
- 타인의 관점 수용 능력 발달이 덜 되어 자신이 갖고 있는 성역할 기준을 또래관계에서 엄격하게 적용하는 특성이 나타남

③ 우정의 발달

- 걸음마기의 자아중심적 상징놀이보다 집단놀이에 흥미
- 집단놀이를 통해 협동과 상호작용의 쾌락 경험, 역할관계의 상호성 학습, 자아중심성 어느 정도 완화됨
- 우정경험, 오래 유지되기 어렵고 극단적 좌절감 유발하기도 함
- 자아중심 성향으로 말다툼을 하기도 하고 헛소문을 퍼뜨리기도 함
- 친밀하고 지속적인 우정은 초등학교에 입학하는 아동기에 본격적으로 발달함

(4) 사회화(socialization)

① 개인이 자신이 속한 사회집단에 적합하다고 생각되는 행동양식을 습득하는 과정을 말함
② 사회화 과정에 가장 많은 영향을 미치는 집단: 가족
③ 바움린드(1991)의 부모 양육태도
  - 애정과 통제의 두 가지 기준을 바탕으로 부모의 양육태도 구분
  - 익애형 부모, 권위형 부모, 방임형 부모, 전제형 부모

(5) 사회복지실천에서의 관심 영역

① 신체적 발달의 관심 영역: 예방접종, 질병의 조기 치료, 안전사고
② 심리적 발달의 관심 영역
  - 학령전기는 인지교육이 실시되는 첫 단계. 유치원이나 보육시설에서 적절한 인지교육 필요
  - 경제적 이유, 시설 부족 등에 대한 대처방안 필요
  - 조기교육 열풍에 의한 부정적 영향 고려. 부모상담, 관련 정보 제공 필요
  - 심한 불안이나 공포증 있는 유아나 부모 상담 통해 건전한 정서 발달 지원
③ 사회적 발달의 관심 영역
  - 유아의 타인에 대한 감정이입적 이해와 성역할 기준의 융통성 부여 위해 적절한 놀이지도와 부모상담 필요
  - 성에 대한 편견 억제
  - 우정관계에서 극단적 좌절감 경험 가능성, 자기존중감 고양 위한 임상적 개입 실시

01) 유아기(3-6세)의 발달에 관한 설명으로 옳지 않은 것은?　　　(10회 기출)

① 정서의 분화가 두드러지게 나타난다.

② 영아기(0~2세)에 비해 성장 속도가 완만해진다.

③ 주로 감각운동을 통하여 지능발달을 도모한다.

④ 사회성을 발달시키는데 놀이가 중요한 역할을 한다.

⑤ 사고발달에 있어 직관적 사고, 물활론 드의 특징을 나타난다.

☞ 해설

3~6세는 전조작기 시기. 감각운동을 통하여 지능발달을 도모하는 것은 영유아기(0~2세)인 감각운동기에 해당.

정답 ③

02) 유아기(3-6세) 때, 일반적으로 볼 수 있는 특징으로 옳은 것을 모두 고른 것은?
　　　(11회 기출)

┌─────────────────────────────────┐
│ ㉠ 타율적 도덕성이 발달한다.   │
│ ㉡ 자아개념과 자아존중감을 형성한다.   │
│ ㉢ 프로이트의 성격발달 단계의 남근기에 해당한다. │
│ ㉣ 타인의 감정을 수용할 수 있는 사회적 관점이 발달하기 시작한다. │
└─────────────────────────────────┘

① ㉠, ㉡, ㉢, ㉣

② ㉠, ㉢

③ ㉡, ㉣

④ ㉣

⑤ ㉠, ㉡, ㉢, ㉣

☞ 해설

㉠ 타율적 도덕성은 2~6세의 전조작기에 존재하는 도덕적 수준

㉡ 자아개념과 자아존중감은 학령기(3~6세)에 형성

㉢ 프로이트의 남근기(3~6세)

㉣ 학령전기 아동은 타인의 관점을 수용할 수 있는 능력인 사회적 관점수용능력이 발달하기 시작함

정답 ⑤

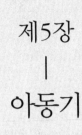

제5장
|
아동기

1. 아동기의 개념

① 아동기(childhood)는 초등학교 입학부터 졸업(7~13세) 시기에 해당
② 학동기, 도당기, 잠복기

> • 학동기(學童期): 공식적 학습이 시작된다는 의미
> • 도당기(徒黨期, gang age): 사회적 행동이 현저하게 증가하면서 또래끼리 어울려 다니기 시작한다는 의미
> • 잠복기(潛伏期, latency stage): 영유아기나 청소년기의 역동적 변화에 비해 상대적으로 조용한 발달이 이루어지는 시기

③ 꾸준한 신체적 성장이 이루어지나 속도는 둔화됨
④ 성격발달 특성
   – Freud: 특별한 발달적 사건 없음
   – Erikson: 자율성 유능성 발달 시기

- Piaget: 이전과 다른 새로운 인지 발달 이루어지는 중요한 시기

2. 아동기의 발달

1) 신체적 발달
(1) 신체적 성장
① 신체적 성장과 발달이 비교적 완만한 단계, 전체적인 신체의 체계가 안정되는 시기
② 아동기 후반에 신장과 체중 급격히 증가. 11~12세 경 여아가 남아보다 신체적 성장이 우세. 신체적 급성장기인 사춘기가 남아보다 여아에게 2년 정도 먼저 시작되는데 기인
③ 성장통: 뼈의 성장이 근육의 성장보다 빠를 경우, 아동의 10~20%는 근육성장기 골통 또는 성장통(growing pain) 경험함
④ 성적 기관 발달은 별로 이루어지지 않아 성적 중성기라고 함

(2) 운동 발달
① 운동 정교화
② 스포츠와 조직적인 단체놀이에 강한 관심 보임. 남아의 운동능력이 좀 더 발달
③ 아동기의 운동 발달은 신체적 발달뿐 아니라 심리적 발달에도 영향 미침
  - 운동기술과 역량 비교 등으로 자신의 능력 평가, 아동기의 자기존중감 형성의 밑바탕이 되며, 성격 발달과도 밀접한 관련성 지님
  - 자기 개념과 사회관계 형성에도 영향을 미침

2) 심리적 발달
(1) 지각 발달
① 공간지각
② 시간지각

(2) 언어 발달

① 공식교육의 결과로 문자언어(written language), 발표능력과 문법 능력, 독해능력 발달

② 언어 발달로 아동기 의사소통능력이 급격히 발달하며, 사회언어학적 이해능력도 발달

(3) 인지 발달

① 유아기의 직관적 사고나 자기중심적 사고와 같은 전조작적 사고의 특성 남아 있음

② 구체적 조작 사고 단계 ★★

   – 보존기술, 분류기술, 조합기술 등의 개념적 기술이 점차적으로 발달

> • 보존기술(conservation skill): 형태가 바뀌어도 양이나 부피와 같은 물리적 부분은 변화하지 않고 그대로 유지
>
> • 분류기술(classification skill): 대상이 공통적으로 지니고 있는 차원에 따라서 물체 분류 통합하는 능력과 위계적 방식으로 하위 집단으로 나열하여 분류할 수 있는 능력
>
> • 조합기술(combination skill): 수(數)를 조작하는 능력. 조합기술의 획득으로 초등학생은 사칙연산 가능

③ 구체적 조작 사고의 발달

   – 현상간의 인과관계 추론 가능

   – 물리적 세계의 규칙과 대상 사이의 간계 지배 원리 이해 및 대상 분류 가능

   – 읽기, 쓰기, 셈하기 학습 가능

   – 시나 이야기, 놀이 창조 가능

   – 수공기술 발달, 운동기술 가능

④ 인지양식(cognitive style): 개인이 환경에 대해 인식하는 반응이 나타남

   – 인지양식은 아동이 성격을 반영, 아동의 인지적 수행에도 영향을 미침

   – 수렴적 사고와 확산적 사고, 장의존성과 장독립성, 사려성과 충동성 등

> • <u>장의존성</u>: 주변사물에 신경을 씀. 주변과의 관계성 속에서 사물인식
> • <u>장독립성</u>: 주변사물에 신경쓰지 않고 개개를 따로 분석하는 능력

(4) 지능과 창의성 발달

① 지능(intelligence): 각 개인이 유목적적으로 행동하고 합리적으로 사고하고 능률적으로 환경에 대처할 수 있는 총체적 능력. 언어능력, 논리적-수학적 능력, 음악적 능력, 공간능력, 대인관계능력, 문제해결능력, 환경에 대한 적응능력 등이 포함됨.
- 일반적으로 지능지수(intelligence quotient: IQ)로 표현
- 지능 발달은 유전적 영향 관점과 환경적 자극에 의해 변화한다는 관점이 대립

② 지능발달의 결정적 시기와 지능발달의 한계에 대한 이견
- Klineberg: 11~12세까지 거의 직선적 발달. 이후 완만. 17~18세경 절정에 이름
- Davis: 11세경 성인의 50%정도까지 발달. 20세경 발달이 절정에 이름
- Miles: 18세에 최고 정점에 이르렀다가 이후 서서히 하강하는 양상

③ 창의성(creativity): 당면한 문제에 대한 대안적 해결책 생각, 친숙한 물체를 다르게 사용할 수 있는 방안 모색, 색다른 개념을 만들어 내는 능력
- 창의성은 지능과의 상관관계가 높이 않으며, 확산적 사고에서 비롯
- 창의성이 높은 아이-간혹 엉뚱한 아이로 비칠 가능성 교사가 아동의 독창성 인정 배양해주면 창의성 발전. 억압하면 창의성 발달 안 됨

(5) 정서 발달

① 아동기는 비교적 정서적 안정기
② 정서적 통제와 분화된 정서 표현 가능
③ 상상적, 가상적, 비현실적, 초자연적인 공포가 많아짐(괴물, 유령, 죽음 등)
④ 부정적 정서반응이 나타날 수 있음(불안, 등교거부증, 분노 등)
⑤ 아동기는 정서 표현 규칙에 대한 이해 증가
  - 진짜 감정을 숨기는 일 능숙해짐
  - 한 가지 이상의 정서(긍정적 또는 부정적 정서 등)를 동시에 경험하는 것 이해가능

– 동일한 상황이라도 사람에 따라 정서가 다를 수 있음 이해

(6) 자기개념의 발달

① 자기개념(self-concept): 신체적 특성, 개인적 기술, 가치관, 희망, 지위와 역할 등 개인이 자신의 것으로 동일시하는 개인적 특성에 대한 지각이나 느낌. 자기에 대한 인지적 측면

② 자기존중감(self-esteem): 자신에 대한 정서적 측면. 자기 자신에 대해 갖고 있는 개인적 가치감이나 긍정적 평가로서, 자기개념을 구성하는 하위 요인

> ※ 교사와 친구, 부모의 평가가 자기개념 및 자기존중감 발달에 매우 중요한 역할을 함

③ 자기효능감(self-efficacy): 자신이 스스로 상황을 극복할 수 있고, 자신에게 주어진 과제를 성공적으로 수행할 수 있다는 신념이나 기대를 의미

④ 자기통제(self-control): 목표를 달성하기 위해 순간의 충동적 용구나 행동을 억제할 수 있는 능력을 의미. 유혹에 저항하는 능력, 만족을 지연하는 능력, 충동을 억제하는 능력 등

– 아동기에 자기통제능력이 급격히 발달
– 부모의 감독, 또는 스스로 자기통제 기술 습득으로 발달

3) 사회적 발달

(1) 학교와 사회적 발달

① 학교는 아동의 인지 발달에 인지발달뿐 아니라 사회활동의 장으로서 사회적 발달에 많은 영향 미침

② 교사의 영향: 저학년일수록 교사의 영향, 고학년은 친구 영향을 많이 받음

– 교사는 칭찬, 비난, 특권, 처벌과 같은 강화를 사용하여, 동일한 사회적 지위 아동의 사회적 지위를 차별화함
– 아동의 사회정체감 형성은 아동이 자신의 사회적 지위에 따름

(2) 또래집단과 사회적 발달

① 아동기의 또래집단: 이웃, 연령 비슷, 동성의 아동으로 주로 구성됨. 외모, 성숙도, 운동기술, 학업성적이나 지도력 등에 따라 서열 결정
② 또래친구와의 우정 발달
③ 아동기 도당, 짝패집단 소속의 긍정적 또는 부정적 영향
  - 긍정적 영향: 상호작용 통해 자기표현 기회로 성취감 경험, 우정, 자아중심성 극복, 협동관계, 또래의 승인을 통해 자기존중감 발달, 용이, 인내, 정의감, 지도력과 같은 좋은 사회적 태도 발달
  - 부정적 영향: 비행과 같은 비사회적 행동, 반사회적 행동 학습, 행동화의 경향. 짝패집단으로부터의 거부, 무시, 괴롭힘 등 집단따돌림으로 우울, 낮은 자존감, 부정적 자기개념 형성, 부적응적 행동 나타날 수 있음. 이러한 현상이 장기적 영향을 미치기도 함

> ※ 짝패집단: 외모, 성숙도, 운동기술, 학업성취나 지도력 등에 의해 서열 형성. 아동의 자기역량이나 자기존중감을 결정하는 주요 요인으로 알려져 있음

(3) 단체놀이와 사회적 발달

① 아동기는 집단놀이(group play)보다 단체놀이(team play) 선호. 단체놀이는 심판이 필요하고 규칙이 복잡함
② 단체놀이의 효과
  - 개인의 목표가 단체의 목표에 종속됨을 인식(Newman & Newman, 1987)
  - 단체놀이 참여 아동은 단체의 승리 위해 자신의 목표성취 유보. 의기투합, 협동, 약한 성원 돕기. 노동배분의 개념 학습, 경쟁의 본질과 승리의 중요성 학습

(4) 대중매체와 사회적 발달

① 아동은 TV와 인터넷, 스마트폰 등 다양한 매체 통해 정보 수집하고 활용
② 매체의 역기능이 아동의 사회적 발달에 미치는 부정적 영향이 큼

4) 사회복지실천에서의 관심 영역

(1) 신체적 발달 관심 영역

① 결식아동, 비만아동, 장애아동, 아동학대 등에 관심

② 아동의 창의적 놀이공간 확보 필요

(2) 심리적 발달의 관심 영역

① 감각기관과 언어의 정상적 발달

② 학습장애(learning disability)

③ 정서 · 사회성 발달

④ 정서발달지수(emotion quotient: EQ), 사회성 지수(social quotient) 발달도 인지 발달 못지않게 중요

(3) 사회적 발달의 관심 영역

① 집단따돌림이나 학교폭력

② 품행장애(conduct disorder): 사회성 미발달로 인하여 나타나는 상습적 거짓말, 도벽, 가출, 무단결석, 환각제 흡입 등의 문제

③ 사회적 보호가 필요한 아동의 지역사회 및 시설보호서비스 제공 필요

01) 아동기(7~12세)의 설명으로 옳은 것은?   (10회 기출)

① 프로이트의 남근기에 해당한다.

② 단체놀이를 통하여 노동분배의 개념을 익힌다.

③ 제1성장 급등기에 해당된다.

④ 주요과업은 대상 영속성 개념의 획득이다.

⑤ 신체적 성숙이 거의 완성되며 성역할에 대한 정체성이 확고해진다.

☞ 해설

아동기(7~12세)에는 단체놀이를 통하여 상호의존성, 경쟁, 노동의 분화, 협상하는 능력 등이 향상된다.

① 아동기는 프로이트의 잠재기에 해당.

③ 제1성장 급등기능 영유아기에 해당.

④ 대상영속성 개념획득은 영유아기 단계의 주요 과업.

⑤ 성역할에 대한 정체성이 확고해지는 시기는 청소년기에 해당.

정답 ②

02) 아동기(7-12세)의 발달 특성으로 옳은 것을 모두 고른 것은?   (14회 기출)

┌───┐
│ ㉠ 자아정체감이 형성되는 결정적인 시기이다.   │
│ ㉡ 유치가 영구치로 바뀌고 보존개념을 획득할 수 있다.   │
│ ㉢ 가설연역적 추리 및 조합적 사고를 할 수 있다.   │
│ ㉣ 한 가지 속성에 따라 대상을 배열하는 서열화가 가능하다.   │
└───┘

① ㉠, ㉡, ㉢   ② ㉠, ㉢   ③ ㉡, ㉣

④ ㉣   ⑤ ㉠, ㉡, ㉢, ㉣

☞ 해설

㉠ 자아정체감이 형성되는 시기는 청소년기(13~18세)에 해당.

㉢ 가설연역적 추리 및 조합적 사고는 형식적 조작기인 청소년기의 특성.

정답 ③

제6장
|
청소년기 및 청년기

1. 청소년기(adolescence)의 개념
① 아동기에서 성인기로 전환하는 과도기
② 우리 사회에서 청소년기의 연령기준은 명확하지 않음
③ 청소년 연령 기준
　　– 아동복지법: 만18세 미만
　　– 청소년보호법: 19세 미만의 자
　　– 청소년기본법: 9세 이상 24세 이하
④ 우리나라의 경우 19세 미만을 미성년자로 규정

2. 청소년기의 발달 ★★★

1) 신체적 발달
(1) 신체적 성장
① 제2의 성장급등기

- 영아기의 제1의 성장급등 후 둔화되었던 신체발달 급등현상 보임
- 신체적 성장 비율이 이전보다 2배 정도 빨라짐. 소년이 소녀보다 성장속도 빨라져 청소년기 말 무렵엔 소년의 신체적 발달이 우세
② 신장과 체중: 개인차가 있음
③ 신체내부기관 현저히 발달

(2) 성적 성숙 ★★

① 사춘기(puberty)와 성적성숙
- 청소년기의 가장 특징적인 발달 중 하나는 성적 성숙임. 이를 근거로 사춘기라고 부름
- 사춘기는 단순히 생식기관의 발달로 인한 생식능력 발달에 초점 둔 용어. 성적 성숙(sexual maturation)은 생식기관의 발달과 관련하여 사회적·심리적 적응 과정 모두를 의미함
- 성적 성숙은 성별에 따라 차이가 있음
- 성적 성숙에 영향을 미치는 내분비선: 뇌하수체, 생식선, 부신

- 뇌하수체: 신장과 체중의 변화를 조절하는 성장호르몬의 분비. 생식선으로부터 성호르몬의 생성과 유출 자극하는 기능을 함
- 생식선: 성호르몬 분비
  - 여성: 난소에서 에스트로겐(estrogen) 분비. 유방의 발달, 음모 성장, 자궁이 임신을 준비하게 하고 임신상태 유지
  - 남성: 부신과 고환에서 테스토스테론(testosterone) 분비. 신장 성장, 남성 2차 성징 발달, 정자 생산 및 성적 용구 증가 유발
- 부신: 여성에게서는 테스토스테론, 남성에게서는 에스트로겐 분비하게 함

---

(3) 운동 발달

① 청소년기는 근육조직과 근력 증가 이루어짐
② 운동 발달과 성격 발달: 운동 발달은 성격발달과 밀접한 관련성이 있는 것으로 나타남

2) 심리적 발달

(1) 정서 발달

① 질풍노도의 시기: 정서가 매우 강하고 변화가 심하며 극단적 정서 경험을 함

② 성적 색체가 강한 정서 경험(2차 성징 발달과 성적 충동), 성의식이 높아짐에 따라 성적 수치심 강해짐

③ 이성에 대한 호기심 거부 또는 허세적 반항 행동

④ 불안, 고독, 열등감, 실존적 공허감 등 부정적 감정 경험 빈도가 높음

⑤ 능력 부족, 신체이미지, 장래 확신 부족 등이 불안 요인

⑥ 자아의식의 발달

⑦ 부정적 정서에 대한 지나친 억압: 급식 및 섭식장애

⑧ 비행행동 등

(2) 인지발달 ★★

① 형식적 조작 사고(formal operational thought)로의 전환: 추상적 사고, 가설적 연역적 사고, 조합적 사고, 이상적 사고

② 자아중심적 사고(예, 상상적 청중(imaginary audience)과 개인적 우화(personal fable))

(3) 자아정체감의 발달 ★★★

① 청소년기의 발달 과업: 자아정체감(ego identity) 형성

② 자아정체감 차원

 - 인간성 차원. 각 개인이 인간이라는 느낌
 - 성별 차원. 남성 혹은 여성이라는 느낌
 - 개별성 차원. 각 개인이 독특하고 특별하다는 인식
 - 계속성 차원. 시간경과에도 불구하고 동일한 사람이라는 인식

③ Marcia(1980)의 자아정체감 유형 분류: 역할실험과 대안적 선택 중에서 의사결정을 할 수 있는 능력(즉 위기(crisis)), 직업활동, 종교, 정치이념 등의 수행에 몰입하는 정도(전념(commitment))의 두 잣대로 4가지 유형으로 분류

- 정체감 성취(identity achievement): 성공적인 위기 극복과 이념체계 확립, 자율적 의사결정 및 역할수행상태를 의미함
- 정체감 혼란(identity diffusion): 정체감 확립에 대한 노력도 없고, 아무런 의문도 제기하지 않으며, 자신의 능력에 대해 부정적이며 무관심한 상태를 의미함
- 정체감 유예(identity moratorium): 정체감 성취와 혼란의 가능성 모두 내포하고 있는 상태로 정체감 위기상태에서 다양한 역할을 실험할 수 있는 상태를 의미함
- 정체감 유실(identity foreclosure): 부모나 사회의 가치관을 그대로 답습하므로 위기를 경험하지 않고 쉽게 결정을 내리지만 독립적인 의사결정을 못하는 상태를 의미함

3) 사회적 발달

(1) 가족관계

① 부모로부터의 독립

② 독립과 자율성

③ 부모의 지지와 승인

④ 심리적 이유(離乳)기: 청소년이 부모의 보호에서 벗어나서 자기의 판단에 의해 독립적으로 행동하려는 성향

⑤ 청소년이 심리적 이유를 추구하는 과정에서 부모에게 반항하는 행동 특성 때문에 제1의 반항기인 걸음마기에 비유하여 제2의 반항기라고도 함

(2) 친구관계

① 우정: 가족과의 대화보다 친구 만나거나 전화통화 스마트폰, 인터넷 SNS 등 선호

② 동년배집단과의 관계에서 자신의 지위와 역할 예측 평가, 사회적 기술 학습
   - 원만한 친구관계: 사회적응과 정신건강에도 많은 영향 미침
   - 정신적인 문제나 부적응적인 행동문제 야기되기도 함

③ 우정의 의미와 질 변화
   - 청소년기 초반 우정
   - 청소년기 중반 우정

– 청소년기 후반 우정

④ 동성친구와 이성친구

⑤ 이성교제

(3) 컴퓨터, SNS와 가상공간

4) 사회복지실천에서의 관심 영역

(1) 신체적 발달의 관심 영역

부정적 신체이미지, 몸짱, 얼짱 되기 위해 심한 식이요법, 거식증 등

(2) 심리적 발달의 관심 영역

학업, 진로 등, 청소년기 주요 발달과업(자아정체감 형성), 청소년기 정신장애 등

(3) 사회적 발달의 관심 영역

청소년 비행, 청소년 교정기관, 학교사회복지, 청소년 쉼터, 대안교육 프로그램, 가족
관계 강화프로그램, 중독예방을 위한 연계 지원 등

3. 청년기의 개념

1) 연령기준

① Newman & Newman(1987): 18~23세 청년후기, 23~40세 성인초기, 40~61세
　성인중기, 61세 이후 성인후기로 구분

② Papalia & Olds(1998): 성년기 20~40세, 중년기 40~60세, 60세 이후 노년기

③ 우리나라 민법의 성인 연령기준: 19세 이후부터

4. 청년기의 발달

1) 신체적 발달
① 인간의 신체적 성장과 성숙이 거의 완성된 최상의 신체 상태 유지 시기
② 생식기능, 운동능력, 면역기능, 근육과 내부기관의 기능 최상

2) 심리적 발달
(1) 감각 및 인지 발달
① 감각기관: 가장 예민하고, 전 생애에 걸쳐 감각기능이 가장 좋은 시기
② 인지발달: Piaget와 Inhelder(1969)는 청소년기에 형식적 사고 발달 이후에 발달 없는 것으로 보나, 최근 비판 제기, 다른 이론들 출현

(2) 자율성 발달
① 청년기의 진정한 독립: 부모와 분리되는 것에 대한 불안의 극복, 경제적 능력, 자율적 의사결정능력의 보유 등과 같은 신체심리사회적 영역 모두에서 분리가 가능할 때 이루어짐
② 양가감정(ambivalence): 독립갈망 / 분리불안
③ 자녀 독립을 위한 부모의 지원: 양가감정 최소화, 자율성 획득을 지원하기 위해 자녀에게 부과하던 금지나 제한 줄이고, 가족 의사결정 참여 격려, 독립된 개인으로 인정 필요
④ 자녀의 독립을 위한 부모의 지원이 잘 이루어지지 않을 경우 마마보이, 파파걸, 적대적 관계 등의 갈등 야기 가능

(3) 애정 발달
① 동반자 구하는 시기
② Sterberg(1988): 사랑의 세 가지 요소 - 친밀감(intimacy), 열정(passion), 전념 또는 헌신(commitment)

- 친밀감: 사랑의 정서적 요인, 상호 이해, 격의 없는 친밀한 대화, 정서적 지원 등
- 열정: 사랑의 동기유발 요인, 신체적 매력, 성적 욕망 등
- 전념 또는 헌신: 사랑의 인지적 요소, 애정적 관계를 유지하기 위한 약속과 책임감

③ 청년기 정서지향적인 낭만적 사랑에서 벗어나 영속적 관계 유지 할 수 있는 동반자 구하기 위해 자아정체감 형성 필요

④ 자아정체감 정립 안 되었을 경우: 신경증적 사랑 가능성. 불안 도피, 열등 보완, 동정심, 불행한 가정 탈출, 사랑의 상처 치유 등의 선택은 파국의 위험성 있음

3) 사회적 발달

(1) 성역할 정체감 확립

① 성역할 정체감(sex-role identity)

② 아동기부터 형성, 성에 따라 성역할 정체감 발달 특성이 다름

③ 남성과 여성에게 성역할 강조에 따른 갈등과 긴장 경험

④ 현대사회의 성역할 기대에 대한 변화

(2) 직업 선택과 준비

① 청년기의 중요한 발달과업: 직업 준비와 직업 선택

② Super(1990)의 직업 관련 자아개념의 형성 단계

 a. 결정화 단계, b. 구체화 단계, c. 실행 단계, d. 확립 단계, e. 강화 단계, f. 유지 단계, g. 쇠퇴 단계, h. 은퇴 단계

③ 청년기 직업 선택의 영향 요인: 가족적 요인, 사회관습적 요인, 상황적 요인, 사회경제적 요인, 개인적 요인, 심리사회적 요인 등

 – 직업선택에 필요한 추가 내용: 자신의 능력, 흥미, 자아기대, 성격특성, 직업에 대한 정확한 정보

④ Holland(1985)의 성경 유형에 따른 선호 직업군 : 현실적 유형, 탐구적 유형, 예술적 유형, 사회적 유형, 기업가적 유형, 관습적 유형

4) 사회복지실천에서의 관심 영역

(1) 신체적 발달의 관심 영역

교통사고, 안전사고 등으로 인한 중도장애인의 가능성–장애인복지전문기관과의 유기적 의뢰체계 형성

(2) 심리적 발달의 관심 영역

① 자율성 발달에 관심 필요
② 군사회복지(military welfare) 실천 모델 필요
③ 이성관, 결혼관 정립 위한 예비부부교실, 결혼예비학교 프로그램 운영 등

(3) 사회적 발달의 관심 영역

① 청년고용지원서비스 제공–직업상담, 취업알선, 직업훈련 등
② 직장에서의 원만한 대인관계 형성, 직장생활과 개인생활의 균형 유지 문제 등에 대한 정보 제공

01) 청소년기(13~24세)에 관한 설명으로 옳지 않은 것은?   (9회 기출)

① 급격한 신체변화와 더불어 인지적 · 정서적 변화가 일어난다.

② 추상적 사고, 가설적 · 연역적 사고, 은유에 대한 이해가 가능하다.

③ 자아정체감을 형성하고 발달시키는 과정에서 정서적 동요를 경험하는 시기이다.

④ 1차적 특징이 나타나는 시기이다.

⑤ 주변인으로서의 특성을 보인다.

☞ 해설

청소년기의 가장 특징적인 발달 중 하나는 성적 성숙임. 2차 성징이 나타남. 이를 근거로 사춘기라고 부름. 사춘기는 단순히 생식기관의 발달로 인한 생식능력 발달에 초점 둔 용어이며, 성적 성숙(sexual maturation)은 생식기관의 발달과 관련하여 사회적 · 심리적 적응과정 모두를 의미함.

정답 ④

02) 청소년기(13~19세)의 발달 특성으로 옳지 않은 것은?   (14회 기출)

① 극단적인 정서변화를 경험하게 된다.

② 성적 성숙과 자아정체감이 형성되는 시기이다.

③ 피아제(J. Piaget)의 형식적 조작기에 해당한다.

④ 힘과 기술이 향상되지만 신체적 성장 속도는 둔화된다.

⑤ 이상적 자아와 현실적 자아의 괴리로 인해 갈등과 고민이 많은 시기이다.

☞ 해설

청소년기는 제2의 성장급등기로서 영아기의 제1의 성장급등 후 둔화되었던 신체발달 급등현상 보임.

정답 ④

77

제7장

성년기 및 중장년기

1. 성년기의 개념

① 30~40세 시기. 40대부터를 중년(middle age)이라고 규정하는 경향이 있음

② 성년기는 배우자로서의 역할, 직업적 역할에의 몰두, 자녀를 양육하고 사회화하는 부모로서의 역할 수행 시기

2. 성년기의 발달

1) 신체적 발달

① 체력, 지구력, 운동기술 등 신체적 기능 상태 최고 수준

② 신체적 건강 상태 유지 위해 규칙적 운동, 적절한 영양 공급 필요

③ 과도한 스트레스, 흡연과 음주, 약물사용, 비만, 안전사고 등은 성년기의 건강 유지에 해로운 요소

2) 심리적 발달

(1) 인지발달

① 성인기의 인지 발달과 관련하여 '증가 또는 감소' 의 이견

- Horn & Donaldson(1980): 결정성 지능(crystallized intelligence)은 지속적으로 증가, 유동성 지능(fluid intelligence)은 10대 후반 절정, 성년기부터 감소
- Dixon & Baltes(1986): 연령이 증가하면서 기계적 지능은 감소, 실용적 지능은 증가
- Schaie(1990): 25세 전후로 시각, 운동적 융통성은 점점 쇠퇴, 시각화 능력은 증가

② 성인기의 인지 변화를 정확히 판단하기 위해서 연령, 개인의 교육수준, 사회경제적 지위, 건강 상태 등 종합적 고려 필요

(2) 친밀감의 발달

① 친밀감(intimacy): 자신의 정체성을 잃을지도 모른다는 두려움 없이 타인과 개방적이고 지지적이며 조화로운 관계를 형성하는 능력

② 친밀감 형성 위해 감정이입능력, 자기통제능력, 타인의 장단점 수용능력 필요

③ 남성과 여성의 사회화 과정의 차이로 인한 성년기의 친밀감 형성과정 차이

④ 친밀감 과업 성취한 성인: 타인과 아이디어나 계획은 논의하고 개인적 감정 표현도 서로 허용, 자신을 가치있고 유능한 존재로 인식

⑤ 성년기에 고립감이 형성되면 타인과 친밀한 관계를 형성하는 것이 오히려 자신의 정체감 혼란을 초래할 것이라고 보고, 타인과의 관계 형성 자체를 제한하게 됨

3) 사회적 발달

(1) 결혼과 부부생활 ★★

① 결혼: 친밀감과 성숙한 사회관계 확립에 매우 중요한 요소

② 교제관계의 결혼으로의 발전

③ 결혼 초기의 상호 적응

④ 부부 갈등과 이혼

⑤ 결혼한 부부의 결혼만족도 또는 상호작용의 질을 결정하는 요인: 사회경제적 지

위, 결혼생활 기간, 남편의 심리사회적 성숙도, 부부간의 의사소통 유형

⑥ 가족생활주기에 따른 결혼만족도: U자형 변화(신혼기, 성년기 초반 높음, 자녀출산, 중년기 낮음, 자녀출가 또는 독립 이후 다시 높아짐)

(2) 자녀양육

① 만혼, 출산 연기, 부부중심 생활 선호 경향

② 자녀 임신, 출산, 양육: 결혼생활 긴장, 결혼만족도 부적인 영향을 미치기도 함

③ 부모로서의 역할전환, 육아지식, 부부간 역할과 책임 재조정 등 필요

(3) 직업생활

① 성공적 직업생활

② 직업만족도

③ 역할기대 재조정

- 맞벌이 부부
- 슈퍼우먼 증후군(superwoman syndrome)

4) 사회복지실천에서의 관심 영역

(1) 신체적 발달의 관심 영역

① 규칙적인 운동

② 사회복지기관: 지역주민 위한 운동시설 설치, 운동 및 건강증진 프로그램 개발 실시, 보건소나 식품회사 등과의 연계 건강식단, 금주 및 금연 교실, 스트레스 관리 프로그램 등 개발 실시 필요

(2) 심리적 발달의 관심 영역

① 성년기의 주요 심리적 발달과업: 친밀성 성취

② 사회복지기관: 부부교실 운용, 이혼예방 위한 부부상담 프로그램 강화, 주부클럽 조직화 등으로 친밀감 형성 지원

(3) 사회적 발달의 관심 영역

① 자녀양육과 관련된 역할분담 문제 등

② 사회복지관: 임산부 교실, 부모역할훈련 프로그램 실시, 산모도우미 파견, 한부모가족 지원, 방과후 프로그램

③ 행정기관과 사무실 밀집 지역의 사회복지관—직장인을 위한 여가, 교육 및 상담, 전문사회교육, 스트레스 관리 프로그램 등 필요

3. 중 · 장년기의 개념

① 중 · 장년기(middle adulthood) 연령: 보통 30–40세~60–70세

② 인생의 전성기 또는 쇠퇴기로 규정됨. 경제적 안정, 직장, 집안에서 높은 지위와 권한을 갖는다는 점에서 전성기, 신체적 퇴행, 결혼만족도 저하, 자녀와 노부모 부양책임 등 위기 직면할 위험이 높다는 점에서 쇠퇴기가 될 수 있음. 그러나 중 장년기를 인생의 전환기로 이해하는 것이 바람직함

③ 중 · 장년기의 발달과업: 신체적 변화에 대한 적응, 부부간의 애정 재확립과 중년 위기 극복, 직업활동에의 몰두와 여가선용 등

4. 중 · 장년기의 발달

1) 신체적 발달

(1) 신체적 변화

① 신체구조의 변화: 신체적 능력과 건강 감퇴. 신진대사 둔화, 허리둘레와 체중 증가, 머리카락 변화, 피부 탄력 감소, 피부 주름, 건조 등

② 신체기능의 쇠퇴: 활기 감소, 체력 약화, 질병에 대한 저항력, 회복력 감소, 심장기능 저하, 폐 탄력성 감소, 호흡능력 감소

③ 관절염, 당뇨, 심장병, 고혈압, 악성신생물 등 성인병 위험

(2) 성적 변화

① 갱년기 여성

- 여성 40~50대 폐경(menopause)경험. 조기 폐경하기도 함. 에스트로겐 감소, 자궁과 유방 퇴화, 신체 및 심리적 폐경 증상
- 신체 증상: 번열증(hot flashes), 성관계시 통증, 두통, 메스꺼움, 현기증, 골반통, 유방통증, 호흡장애 등
- 심리증상: 우울, 불안 및 긴장감 고조, 초조감, 분노감 등
- 폐경으로 인해 월경, 임신 공포에서 벗어나 긍정적 활동 보고도 있음

② 갱년기 남성

- 정자나 정액 생성 종결 의미 아님. 테스토스테론(남성호르몬)이 30세 이후부터 1년에 1%씩 감소. 생식 및 성적 능력 저하, 성적 무능력은 아님
- 남성 성적 무능력의 원인: 호르몬 영향 보다 성공에 대한 과도한 욕심, 정신적 피로, 과음과 과식, 만성질환, 성적 수행 실패 공포 등
- 특별한 신체적 어려움 없음. 일부 우울증, 피로, 성적 무력감, 약한 번열증, 고음으로 음색 변형, 탈모 등의 변화 보고됨

2) 심리적 발달

(1) 인지능력의 변화

① 인지적 반응 속도 느려짐

② 기억의 감퇴현상: 50세 이후 기억정보 활성화하는 데 소요시간 20대에 비해 60% 정도 증가. 기억능력 감퇴보다 정보처리시간을 더 필요로 하는 것으로 보임

③ 높은 수준, 전문성 있는 문제해결능력: 특정분야 직업활동 등에 기인지휘하는 세대(command generation) 지위 구가

(2) 심리적 위기 ★★★

① 심리사회적 위기: 생산성 대 침체(generativity vs self-stagnation)

- 자신과 타인의 행동 방향 제시하고 미래 계획하고 타인의 욕구 예측할 수 있는 시기

② 중년의 위기(mid-life crisis): 신체적 노화, 직업생활 및 가족생활 변화 적응 과업
  - 남성: Levinson 등(1978) 연구: 40~45세 남성의 80% 정도가 정서적 갈등이나 실망감 경험. 직업 전환, 이혼과 결혼갈등, 교통사고 등으로 자살 시도, 우울, 불안, 피로, 수면장애 등 정신장애 경험하기도 함
  - 여성: Troll(1982)의 연구: 자녀에 대한 염려, 남편과 노부모 걱정, 자기실현의 문제 남성보다 더 많이 경험-더 심한 위기감 경험
③ 중년기 위기: 학자간 이견이 있음. 문화에 따라 차이가 있다는 것에 동의
④ 빈둥지 시기(empty nest)

3) 사회적 발달

(1) 가족생활 환경
① 안정된 가정환경 조성 필요
② 가족성원의 욕구, 기호, 기술이나 재능의 차이 인정하고 반응하는 능력 습득 필요, 가족성원 개발 기회 부여할 수 있어야 함
③ 가족성원의 지위에 따라 책임과 권리 공평한 배분, 합리적 의사결정 필요
④ Newman & Newman(1987)의 가족 의사소통 유형
  - 단독 성인주도형 의사결정 구조: 부모 단독 책임, 결정권 행사, 동일시의 대상이 됨과 동시에 비난의 대상이 되기도 함. 지속적 가족갈등 유발 가능
  - 성인주도형 의사결정 구조: 부모가 가정사에 대한 책임 분담, 자녀는 종속적 지위에 불만 야기될 수 있음
  - 가족주도형 의사결정 구조: 가족성원 모두가 가족문제에 대한 의견이나 해결책 제시, 성인의 영향을 받지만 자녀의 참여와 만족도가 높음

> • 우리나라 가족 의사소통 유형: 남성주도적 의사결정 구조에서 여성의 지위 향상으로 성인주도형과 가족주도형 의사결정 유형 증가 추세

⑤ 가족 시간계획
⑥ 낀 세대: 샌드위치 세대(sandwich generation)

⑦ 가족 구성원 외에 친척관계망, 직업 관련 단체, 종교단체 등 사회관계망과 가족생활 간에 역동적 균형성 유지 노력 필요

(2) 자녀 교육 및 훈육
① 자녀 훈육 방법
② 아동기 자녀: 부모가 규칙 설정하고 자녀가 이에 순응하도록 훈육, 자녀가 해야 할 일 적절히 수행할 수 있도록 원조, 부부 하위체계 내 자녀 공간 마련 등
③ 청소년기 자녀: 청소년의 독립 인정하는 방향으로, 지나친 간섭이나 통제보다 스스로 판단, 행동하도록 허락, 동시에 한계 설정으로 부모로서의 권위 유지
④ 자녀 독립기: 성인으로 인정, 의사 존중, 결혼준비 지원, 출가 이후의 관심
⑤ 친밀한 부부관계로 재조정, 며느리, 손자녀 등 전체적 가족관계 재조정

(3) 직업적 성취와 직업 전환
① 직업생활: 가족의 생계유지, 사회관계 유지, 자신의 생활 전반에 영향을 미치는 중요 요인. 직무수행능력 높은 편
② Baltes & Baltes(1990): '선택적 능력 발휘를 통한 보상(selective optimization with compensation)'으로 높은 수준의 생산성과 직무수행 능력 유지: 약점 최소화, 강점 최대화 능력
③ 직업적 긴장 시기: 중산층이 경쟁 낙오 두려움으로 직업적 성공에 가장 많은 긴장 경험
④ 직업만족도: 급여수준, 직업의 미래, 노력에 대한 결과의 만족도, 과업수행 과정에서의 즐거움, 직장 동료와의 관계 등이 영향 요인

(4) 여가활동(leisure activity)
① 직업활동, 생리적 욕구 충족 등과 같은 생활시간을 제외한 잔여시간에 휴식, 기분전환, 사회적 성취 및 개인적 발전을 도모하는 활동
② 여가활동 필요, 여가 예비사회화 필요

※ **사회화(socialization) ★★★**

① 개념: 사회에 적응하기 위해 구성원들과의 상호작용으로 규범, 가치, 신념 등을 배우고 익히는 것

② 기능: 기본적 지식, 능력과 태도 및 문화적 가치 습득, 자아정체성 확립

③ 사회화 유형: 학습, 경험, 모방, 동일시

④ 사회화기관: 1차기관-가족, 친족, 또래집단, 지역사회 등. 2차기관-사회적 기관으로 학교, 직장, 대중매체 등(시대의 변화가 빨라지면서 역할 증가)

⑤ 재사회화: 집단이 변했을 때나 시대가 변해서 새로운 지식, 기술 배움. 스마트폰 사용법

⑥ 탈사회화: 기존의 양식을 벗어남

⑦ 예비사회화: 새로운 집단에 들어갈 것을 전제로 그 집단에 필요한 규범, 목표점 등 습득. 귀화 전 사전 준비 등, 탈사회화와 동시에 일어남

4) 사회복지실천에서의 관심 영역

(1) 신체적 발달의 관심 영역

① 사회복지관

– 성인병 예방 위한 건강교육, 건강상담 프로그램, 건강 관리와 유지 위한 운동시설 설치 개방

– 만성질병, 장애 중·장년, 병약한 노인 부양 가족에게 요양보호사나 자원봉사자 연결, 뇌졸중, 교통사고 등에 의한 중도장애인 위한 재활치료 프로그램 실시

② 갱년기 장애: 개인상담, 집단상담, 부부상담 강화, 성치료 전문기관 연계 체계 필요

(2) 심리적 발달의 관심 영역

① 사회복지기관

– 생리적 변화, 직업에서의 실패, 부부갈등과 이혼 등이 원인이 되어 나타나는 중년기 위기 극복 지원

– 중년기 위기 극복 프로그램: 여성 평생교육 프로그램, 여가선용 프로그램 등

② 정신질환: 정신병원 의뢰 체계 구축 필요

(3) 사회적 발달의 관심 영역

① 가족상담과 지원

② 노후설계 프로그램

③ 고용지원서비스

④ 직업훈련과 고용알선

01) 중년기의 특징으로 옳은 것은? (12회 기출)

① 학습능력은 증가하나 문제해결능력은 감소한다.

② 남성이 여성보다 더 뚜렷한 갱년기를 경험한다.

③ 정서변화가 매우 심하여 전인습적 도덕기라고 부른다.

④ 시각, 청각, 미각, 후각 등의감각기능이 가장 좋은 시기이다.

⑤ 사회적, 가정적으로 인생의 전성기이지만 갑작스러운 실직을 경험하기도 한다.

☞ 해설

① 중년기에는 문제해결 능력이 높아짐.

② 갱년기에는 남성보다 여성이 강렬하게 경험하는 경향이 있음.

③ 전인습적 도덕기는 4~10세까지의 시기.

④ 신체적, 지적 측면에서 가장 정점에 있는 시기는 청년기임.

정답 ⑤

02) 중년기(40-64세)의 발달 특성으로 옳지 않은 것은? (14회 기출)

① 성격이 성숙해지고 성정체성이 확립된다.

② 삶의 경험으로 인해 문제해결 능력이 높아질 수 있다.

③ 노화가 점차 진행되며 신체적 능력과 건강이 약해진다.

④ 에릭슨의 발달단계에서 생산성 대 정체성에 해당하는 시기이다.

⑤ 흐르몬의 변화로 성적 능력이 저하되며 빈둥지증후군이 나타날 수 있다.

☞ 해설

성격이 성숙해지고 성정체성이 확립되는 시기는 청년기에 해당함.

정답 ①

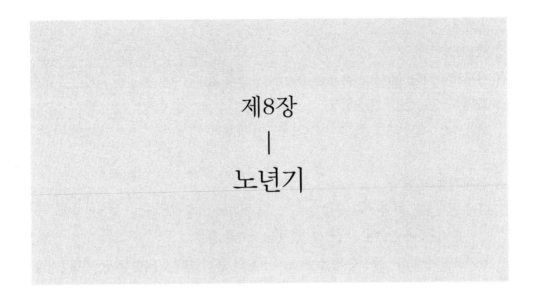

제8장
|
노년기

1. 노년기의 개념

① 노년기 연령: 65세~사망

- 65~75세: 연소노인(young-old)
- 75~85세: 고령노인(old-old 또는 middle-old)
- 85세 이상: 초고령노인(oldest old)

② 신체 · 심리 · 사회적 측면에서 나타나는 점진적 퇴행적 발달, 노화(aging)가 일어나는 시기

③ 노년기 발달과업: 신체 변화에 대한 적응, 인생에 대한 평가, 역할 재조정, 여가활동, 죽음에 대한 대비, 노후생활에 적합한 생활환경 조성 등

2. 노년기의 발달

1) 신체구조의 변화

① 노화색소

② 세포노화

③ 신체외형 변화: 60세 이후 체중 감소, 연골조직 퇴화, 치아 수 감소, 백발, 피부변화(창백, 얼룩반점, 건성화 등)

④ 피하조직과 신경세포 감소로 체온유지능력 감소

2) 신체기능의 변화

① 신체내부 장기 40세 이후 중량 감소. 25세 청년에 비해 75세 노인 뇌중량 95%, 신장중량 81%, 비장 45% 감소, 심장은 140% 정도 증가

② 장기조직의 변화: 심장근육 주변 모세혈관의 동맥경화에 의한 심장 비대, 지방분 증가 원인 심박출량과 심장박동능력 감소. 심장판막 석회화로 심장질환 가능성 등

③ 폐조직 탄성 저하, 폐용적 감소, 죽은 공간 증가로 잔기량 증가, 기관지 확장, 기관지 점액선 증가로 호흡기질환 가능성 증가

④ 치아결손, 소화기능감퇴

⑤ 신장의 크기, 무게, 피질의 양 감소로 신장질환 가능성 증가. 방광이나 요도 기능 저하로 소변 횟수 증가

⑥ 성기능, 생식기능 저하 현성

3) 심리적 발달

(1) 감각 기능

① 시각, 청각, 미각, 후각, 촉각 능력 저하

감각기관이 수집한 정보를 의식적 수준에서 처리하고 평가하는 지각기능의 반응속도 저하, 환경 변화 즉각 대처 어려움으로 안전사고 노출 가능성 증가

② 연령증가함에 따라 수면시간 감소

취면장애, 조기각성, 주야전도, 숙면장애 등의 수면장애, 램수면 감소에 따라 피로회복률 낮아짐

(2) 인지 및 정신기능

① 일치된 의견은 제시되지 않고 있으나 일반적으로 지능이 쇠퇴한다고 보고되고 있음

② 다양한 지능 종류 특정 영역 지능 쇠퇴로 지능약화 주장 근거 어려움

③ 지능이나 창의성의 경우 능력 발휘 하는 노인도 있음(Simonton, 1990)

④ 단기기억과 최근기억의 능력 약화, 암기보다 논리적인 기억력 더 많이 감퇴

⑤ 보는 것보다 듣는 것의 기억력 뛰어남: 청각을 활용한 교육방법이 효과적

⑥ 사고능력과 문제해결능력은 연령이 증가함에 따라 저하, 연령, 교육수준, 인생경험, 지능, 직업, 동년배효과 등이 복합적으로 영향 미침

⑦ 치매 위험

⑧ 지혜(wisdom): 노년기의 인지저하 보완

(3) 자아통합과 죽음 ★★

① Erikson(1963): 자아통합 대 절망(ego integration vs despair): 중·장년기의 생산성 대 침체의 위기 성공적 극복 결과에 따라 상이
  - 자아통합: 자신의 과거 및 현재의 인생을 바라던 대로 살았다고 수용, 만족, 의미 있게 생각, 죽음 인정하고 기다리는 태도
  - 절망: 자기의 과거 및 현재의 인생을 후회스럽고 불만스럽게 생각, 새로운 삶 바람. 죽음 앞에 남은 인생이 짧다고 생각 불안·초조해하는 것

② 죽음에 대한 태도: 아동기~노년기까지 장기간 형성. 노년기 죽음은 자아통합성 성취 정도에 따라 다름

③ Kübler-Ross(큐블러–로스)의 죽음에 대한 적응 단계: 부정단계 → 분노단계 → 타협단계 → 우울단계 → 수용단계

(4) 정서 및 성격 변화

① 감정표현능력 저하: 사회문화적 요인이 큰 원인

② 성격변화: 연속성과 안정성 유지 vs 변화

③ 노년기의 특징적 성격 변화: 내향성 및 수동성의 증가, 조심성의 증가, 경직성의 증가, 우울 성향의 증가, 생에 대한 회상의 경향, 친근한 사물에 대한 애착 증가,

성역할 지각의 변화, 의존성의 증가, 시간전망의 증가, 유산을 남기려는 경향 등

4) 사회적 발달

(1) 사회적관계망과의 상호작용

① 사회관계망 축소

② 부부관계

③ 배우자의 사망

④ 황혼이혼과 재혼

⑤ 성인 자녀와의 관계

⑥ 자녀 별거

⑦ 조부모로서의 역할

⑧ 친구관계

⑨ 주거환경

⑩ 노인복지시설 입소

(2) 사회화

① 한 사회의 연령규범이 명확할수록 구성원의 사회화 과정은 보다 쉽게 이루어질 수 있음

② 연령규범(age norms): 동시대인이 특정 연령대에 적합한 행동을 하도록 각 개인에게 요구하는 사회적 기대나 가치

③ 우리사회는 아직 노년기에 적합한 연령규범에 대한 합의가 이루어지지 않고 있음: 부정, 긍정의 시각 혼재, 예비사회화 과정 거치지 못하고 노년기 진입에 의한 혼란과 어려움

④ 나잇값(acting his age) 못하는 행동: 비난 사회차별 가능성 높아짐

(3) 사회적 지위와 역할

① 역할 상실

② 역할 전환

– 특정한 지위와 역할은 상실하는 반면 다른 지위와 역할 획득

– 직업인의 지위에서 물러나 퇴직인의 지위 갖게됨 → 역할 전환

③ 역할전환의 영향

– 가치 평가 절하, 자아존중감 및 삶의 만족도 등 감소

– 노인의 사회적 분리와 소외 초래 경향

– 긍정적 변화: 새롭게 획득한 지위와 역할에 만족하는 경우

(4) 은퇴

① 일과 노동의 기능: 경제적, 사회적, 윤리적, 정서적 기능 등 다양한 기능 수행

② 퇴직생활에 대한 적응은 노년기 주요 발달과업 중 하나

③ 퇴직의 단계: 개인에 따라 다르게 나타남

※ 퇴직의 단계 ★★★

퇴직전 단계 → 밀월 단계 → 안정 단계 → 휴식 단계 → 환멸 단계 → 재지향 단계 → 일상화 단계 → 종결 단계

---

5) 사회복지실천에서의 관심 영역

(1) 신체적 발달의 관심 영역

만성질환, 노인장기요양보험제도, 가족지원사업

(2) 심리적 발달의 관심 영역

노인상담, 여가 및 평생교육, 치매 프로그램, 부양부담

(3) 사회적 발달의 관심 영역

고용 및 소득보완사업, 정년연장, 노인 자원봉사활동, 은퇴준비교육, 노인일자리사업

01) 다음 중 노년기의 특징으로 옳은 것은?   (7회 기출)

① 중년기의 위기를 경험한다.

② 성역할을 획득한다.

③ 자아통합을 해야 하고 성취하지 못하면 절망감을 갖는다.

④ 친밀감이 발달한다.

⑤ 장기기억보다 단기기억이 증가한다.

☞ 해설

② 학령전기에 성역할의 획득.

④ 친밀감의 발달은 청년기의 특징.

⑤ 노년기에는 단기기억보다 장기기억이 발달.

정답 ③

02) 큐블러-로스의 죽음의 적응단계로 옳지 않은 것은?   (12회 기출)

① 1단계-충격과 심한 불신감을 나타내며 강하게 부정한다.

② 2단계-주변 사람들한테 화를 내며 분노를 터뜨린다.

③ 3단계-타협으로 죽음을 연기하고 싶어한다.

④ 4단계-조건을 받아들이고 이겨내기 위해 노력한다.

⑤ 5단계-담담하게 생각하고 수용하게 된다.

☞ 해설

4단계는 우울 단계로 체념과 절망이 섞인 우울 상태로 빠지는 단계.

정답 ④

제9장
|
정신분석이론(1)

1. 인간관과 가정

1) 인간관
(1) 비합리적 존재
① 통제할 수 없는 무의식적 본능의 지배를 받는 존재
② 생물학적 결정론: 무의식적 성적본능과 공격적 본능에 의하여 결정

(2) 수동적 존재
① 인간의 자유의지, 책임감, 자발성, 자기결정과 선택 능력을 인정하지 않음
② 인간의 모든 행동은 무의식적인 힘에 의해 결정되고 무의식적인 힘의 지배를 받음

(3) 불변적 존재
① 인간의 기본 성격구조는 영유아기의 경험에 의해 결정, 성인이 되어서도 불변
② 현재보다 과거 중시

(4) 투쟁적 존재

① 개인의 쾌락원칙이 문명화된 사회 사이에는 많은 갈등이 존재

② 인간은 사회와 지속적으로 대항하는 투쟁적 존재(Homo Volens)로 봄

2) 기본 가정

(1) 정신결정론 ★★★

① 정신결정론: 인간이 오늘 무엇을 생각하고 무엇을 말하느냐 하는 것은 모두가 다 과거에 경험했던 것의 영향 때문에 이루어진다는 것

② 영·유아기의 경험이 이후의 정신구조와 삶을 결정한다는 것

(2) 무의식적 동기 ★

① 인간의 모든 행동, 사고, 감정이 무의식적 동기를 지니고 있음

② 마음의 정상적인 기능과 병적인 기능 모두에서 무의식적 과정이 의식적 과정보다 더 중요하다는 것

③ Freud의 이론을 갈등심리학 또는 심층심리학이라고도 함

   – 인간의 정신활동은 의식과 무의식, 원초아(id)와 초자아(superego) 사이에서 일어나는 갈등의 결과로 간주하기 때문

2. 주요 개념

1) 경제적 모델

(1) 인간에게 변할 수 없는 두 가지 본능

① 삶의 본능(eros)

   – 성적 에너지: 리비도(libido)·점차 삶의 본능 전체 의미하는 개념으로 확대

   – 성, 배고픔, 갈증 등과 같이 생존과 번식에 목적을 둔 신체적 욕구의 표상

   – 생명 유지·발전, 친밀하고 유쾌한 신체적 접촉

   – 타인과 사랑을 나누며, 창조적 발전을 도모하는 본능

② 죽음의 본능(thanatos)

  - 인간의 모든 행동은 본능의 지배를 받으며, 정신 에너지를 발산하는데 그 목적이
    있다고 봄
  - 불변의 무기질 상태로 회귀하려는 충동으로 공격욕, 파괴욕 등
  - 파괴 및 공격적 행동의 근원

③ 삶의 본능과 죽음의 본능의 상호 영향, 융합

  - 음식물을 섭취하는 것은 생명을 위협하는 배고픔을 해결하고자 하는 삶의 본능
    의 표현, 반면 음식물을 파괴하여 섭취한다는 점에서는 죽음의 본능

2) 지형학적 모델(마음의 제1 영역)

(1) 개념

① 프로이트는 인간의 마음이 사고, 감정, 본능, 충동, 갈등, 동기로 채워져 있다고 함

② 대부분은 무의식 또는 전의식에 위치하고 있음

③ 전의식은 의식의 영역으로 쉽게 바뀔 수 있지만, 무의식은 의식의 영역으로 쉽게
  바뀌지 않음

(2) 의식(consciousness)

① 한 개인의 어느 순간에 인식하고 있는 감각, 지각, 경험, 기억 등의 모든 것을 의미
  하는 것으로, 정신생활의 극히 작은 부분에 지나지 않으므로 일시적이며, 정신생
  활의 규칙(rule)

② 우리가 자신에게 주의를 기울이는 순간에 알아차릴 수 있는 경험과 감각들

③ 5감과 같은 여러 가지 감각을 인식하고 슬픔과 고통 같은 것을 그 순간 쉽게 알아
  차릴 수 있는 정신생활의 영역, 깨어있을 때 작용하는 영역

④ 자아(ego)는 의식의 영역에 속함

(3) 전의식(preconsciousness)

① 즉시 인식되지는 않지만 조금만 노력하면 접근할 수 있는 영역

② 의식과 무의식의 중간 지점에 있으며 이들 사이에서 교량역할을 함

③ 전의식은 흔히 이용 가능한 기억임

(4) 무의식(unconsciousness)

① 욕구나 본능이 깊게 자리하고 있는 영역으로, 인식할 수 없고, 직접적으로 확인할 수도 없는 접근 불가능한 창고

② 개인이 태어나 살면서 경험한 것 중에서 기억되지 못하는 경험들의 정신창고(예, 폭력적 동기, 부도덕한 충동, 비이성적 소망, 이기적 욕구, 수치스러운 경험, 수용할 수 없는 성적 욕구 등)

③ 개인의 사고와 감정의 대부분은 무의식에 존재

④ 정신분석의 초점이 되는 부분

⑤ 무의식은 인간행동을 결정하는 주된 원인인데 인식하거나 직접 확인할 수 없음: 프로이트가 가장 중요하게 생각한 부분

⑥ 인간 정신의 가장 크고 깊은 곳에 있으면서 의식적 사고와 행동을 전적으로 통제하는 힘

⑦ 주로 원초아(id)와 초자아(superego)로 구성되어 있으며, 방어기제도 무의식의 일부분으로 나타남

⑧ 무의식의 증거: 잘 알고 있는 사람의 이름이나 인상, 생활상의 경험을 잊어버리는 경향, 소유물을 잃어버리는 경향, 말실수, 실수로 잘못 쓴 문장, 글자를 잘못 읽는 것, 행동상의 실 수 등

⑨ 무의식적 과정의 우월성을 받아들여 자유연상, 저항, 농담과 실수, 예술작품, 신경증, 꿈에 대해 연구

3) 구조적 모델 ★★

(1) 개념

① 성격구조를 나타냄

② 성격은 원초아(id), 자아(ego), 초자아(superego)로 구성. 원초아, 자아, 초자아가 상호작용하여 전체 성격체계 구성, 각각의 하위체계는 개인의 행동에 각기 다른 영향을 미침

(2) 원초아(id)

① 성격의 원형이며 본질적인 체계로서 본능을 포함함

② 출생시부터 타고나며 정신 에너지의 저장고. 무의식 안에 감춰진 일차적 정신의 힘

③ 인간이 생존하는 데 필요한 모든 본능

④ 본능적 충동: 활동이나 꿈, 환상과 같은 상징을 통해 긴장 해소하려 함

⑤ 유아적인 수준의 기능과 분별력

⑥ 외부 세계와 단절, 법칙, 논리, 이성 또는 가치에 대해 알지 못하고, 시간이나 경험
에 따라서도 바뀌지 않음

⑦ 특징: 1차적 사고과정(primary process)

⑧ 쾌락원칙(pleasure principle)에 입각하여 작동함(본능적 충동의 만족에 관심)

⑨ 대상선택(object choice) 또는 대상충당(object cathexis): 원초아가 본능적 충동
을 충족해 주고 긴장을 감소해 줄 수 있는 대상에 정신에너지 투입하는 것

> ※ **쾌락원칙(쾌락원리, pleasure principle)**
> ① 원초아를 지배하는 원리
> ② 인간은 원초아의 욕구가 충족되지 않고 박탈되었을 때 발생하는 긴장을 해소
> 하고 본래의 욕구를 충족하고자 동기화함
> ③ 자아는 원초아의 욕구를 이성적인 수단으로 충족할 수 있도록 돕는 기능을 함

(2) 자아(ego) ★★

① 성격의 조직적이고 합리적이며 현실지향적인 체계, 성격의 집행자, 성격의 경영자

② 이성, 상식을 내포. 마음의 이성적인 요소. 출생하면서부터 경험 통해 발달

③ 원초아에 비해 조직적, 구체적 정신구조

④ 초자아와 원초아 사이의 갈등 조정, 원초아 통제에 에너지 사용

⑤ 지각, 주의집중, 학습, 기억, 판단, 추리, 상상 등의 정신과정 발달시킴

⑥ 자아관심(ego interest) 형성에도 에너지 사용

⑦ 현실원칙(reality principle)에 따라 사회적으로 수용될 수 있는 방법을 발견할 때
까지 쾌락추구하는 긴장해소 유보. 이성적 차원에서 행동의 결과 평가하고 자신의

행동 과정 결정

⑧ 쾌락원칙을 포기하는 것은 아니며 쾌락 획득을 유보하는 것. 결국 쾌락 획득하게 됨

⑨ 특성: 2차적 사고과정(secondary process) 활용: 현실검증(secondary process) 활용

⑩ 자아와 원초아의 갈등은 불안을 경험케 함

⑪ 자아가 불안 위험신호에 적절한 대처 못하면 신경증 유발

⑫ 불안을 다루고자 하는 시도 과정에서 자아방어기제(ego defense mechanism) 발달

※ 불안

① 개념: 자아에 위험신호 보내 미리 위험처리 대책 강구—Freud는 불안을 정상적인 부분으로 간주

② 불안의 종류: 현실적 불안, 신경증적 불안, 도덕적 불안 ★★

- 현실적 불안(reality anxiety): 외부 현실세계의 위험을 지각하는 데서 비롯되는 고통스러운 심리적 체험

- 신경증적 불안(neurotic anxiety): 본능에서 유발된 위험을 지각하는 데서 비롯되는 고통스러운 심리적 체험으로서, 자아의 반대충당이 원초아의 본능적 충동을 통제하는 데 실패할 것에 대한 염려에서 발생하는 불안

- 도덕적 불안(moral anxiety): 원초아가 부도덕적으로 욕구를 충족하려 할 때, 초자아의 처벌이 따를 것이라고 생각함으로써 발생하는 불안

---

(3) 초자아(superego)

① 사회의 전통적 가치와 이상으로 구성되어 있으며, 현실적인 것보다는 이상적인 것, 현실이나 쾌락을 추구하기보다는 완전 추구 속성

② 성격의 도덕적인 심판자로서, 자아와 함께 작용하여 개인이 자신의 행동을 통제할 수 있게 해줌

③ 남근기에 경험하는 갈등의 산물

- 남근기의 아동은 부모의 도덕적 권위를 동화하여 자신의 내적인 권위로 변화시키게 됨

- 부모를 동일시(identification)하는 과정에서 초자아를 형성하게 됨
- 부모 외에 목사, 학교 교사, 어린이집 보육교사 등과 같은 부성인물(father figure) 또는 모성인물(mother figure)에 의해서 형성되기도 함
④ 초자아의 하위체계: 자아이상(ego ideal)과 양심(conscience) ★★★
- 자아이상: 부모가 도덕적으로 바람직한 것이라고 간주하는 것으로서, 부모의 칭찬에 의해 형성되는 부분
- 양심: 부모가 도덕적으로 나쁘다고 간주하는 것으로서, 부모의 처벌에 의해 형성
⑤ 초자아는 긴장을 감소시키는 물리 및 심리적 보상, 긴장을 증가시키는 처벌이라는 두 요인에 의해 발달
⑥ 자아로 하여금 도덕률에 무조건적으로 따르도록 강요하는데 에너지 소비

4) 역동적 모델

(1) 개념
① 역동적 모델에서는 궁극적으로 본능적 충동이 모든 행동 결정하며, 정서적 긴장을 해소하려는 욕구가 심리적이고 사회적인 행동을 일으킨다고 봄
② 인간 유기체를 신체 에너지가 정신 에너지로 변화되고나 그 반대의 에너지 흐름이 이루어지는 복잡한 에너지 체계로 봄
③ 정신적 과정과 신체적 과정이 결합하여 만들어진 흥분 상태는 인간으로 하여금 만족을 추구하도록 동기화 함

(2) 역동적 모델에 대한 의견
① Freud: '유아는 유목적적으로 대상에 에너지를 표출하는 충동을 지니고 있다'
② Wood(1971): 충동적 작동과정을 '긴장 또는 욕구 → 감각운동 → 긴장 또는 만족의 중단'으로 설명

(3) Freud의 성격 가정 ★★
① 성격은 에너지 체계이며, 에너지는 원초아, 자아, 초자아 사이에서 지속적으로 배분된다고 가정

② 성격을 움직이는 에너지는 본능에서 나오며 원초아에 저장됨. 점차 자아, 초자아
   에 재배분됨
   - 원초아에 에너지 집중: 충동적 공격적 행동 가능성
   - 자아에 에너지 집중: 현실적 적응을 잘하는 성격이나 행동 형성 가능성
   - 초자아에 에너지 집중: 도덕주의자 같은 행동

01) 프로이트 이론에 관한 설명으로 옳은 것은? (13회 기출)

① 거세불안과 남근선망은 주로 생식기에 나타난다.

② 치료의 주요 목표는 개성화를 완성하는 것이다.

③ 자아는 의식, 전의식, 무의식의 세 측면을 모두 가지고 있다.

④ 리비도는 인생 전반에 걸쳐 작동하는 일반적인 생활에너지를 말한다.

⑤ 초자아는 방어기제를 작동하여 갈등과 불안에 대처한다.

☞ 해설

① 거세불안과 남근선망은 남근기에 나타남.

② 개성화를 완성은 융의 분석심리이론과 관련.

④ 융의 이론.

⑤ 방어기제를 작동하여 갈등과 불안에 대처하는 것은 자아임.

정답 ③

제10장
|
정신분석이론(2)

1. 자아방어기제(ego defense mechanism)

1) 개념 ★
자아가 갈등과 불안에 대응하고 대처할 때 활용하는 심리적 전략

2) 자아방어기제의 역할
① 정신내적 갈등의 원천을 무의식적으로 억압, 왜곡, 대처, 차단하며, 대부분 한 가지 이상의 방어기제가 동시에 사용되는 경우가 많음
② 불안을 줄일 뿐만 아니라 긍정적인 사회적 결과를 가져오기도 하므로, 긍정적 자아상을 유지하고 사회적응을 도모하고 정신건강을 향상하기도 함
③ 자아방어기제의 과도한 사용으로 인해 다른 자아기능의 발달에 투입되어야 할 정신에너지가 고갈되어 정신병리가 나타나기도 함

3) 자아방어기제의 정상성
Anna Freud(1965)는 자아방어기제가 정상적인지 또는 병리적인지는 ① 한 가지 방

어기제를 사용하는지 혹은 여러 가지 방어기제를 사용하는지와 관련된 균형, ② 방어의 강도, ③ 사용한 방어기제의 연령 적합성, ④ 위험이 사라졌을 때 사용한 방어기제를 철회할 수 있는 가능성이라는 네 가지 요소를 근거로 판단해야 한다고 했음

4) 정신분석이론에서 제시된 주요 자아방어기제 ★★★

① 억압 repression: 자아가 고통스럽고 위협적인 충동, 감정, 소원, 환상, 기억 등을 무의식 속으로 추방시켜 의식화되는 것을 막아주는 기제

   예) 하기 싫고 귀찮은 과제를 하지 않고 '깜박 잊었다'고 말하는 경우

② 반동형성 reaction formation: 용납할 수 없는 감정이나 충동을 정반대의 감정이나 행동으로 대체시켜 표현하는 기제

   예) '미운 놈에게 떡 하나 더 준다.'

③ 퇴행 regression: 실패가능성이 있거나 불안한 상황에 대한 해결책으로 초기의 발달단계나 행동양식으로 후퇴하는 기제

   예) 동생이 태어나 부모의 관심이 동생에게 집중되자 갑자기 말을 하지 못하고 대소변을 가리지 못하는 유아

④ 동일시(동일화, identification): 용납할 수 없는 충동 그 자체는 부정하고 그 충동을 갖고 있는 사람 또는 그 사람의 일면과 동일화하여 받아들이는 과정

   예) 아버지를 무서워하는 아들이 아버지를 닮아감

⑤ 보상(대상, compensation): 심리적으로 어떤 약점이나 제한점이 있는 사람이 이를 보상받기 위하여 다른 어떤 것에 몰두하는 기제

   예) 자신의 친부모에게 효도를 하지 못한 사람이 이웃의 홀로 된 노인을 극진히 부양

⑥ 합리화(rationalization): 의식하지 못하는 동기에서 나온 용납할 수 없는 충동이나 행동에 대해 지적으로 그럴 듯한 설명이나 이유를 대는 기제

   예) 친구와의 경쟁에서 이기고 싶은 충동에서 친구의 잘못을 선생님께 고해 바치고 그것이 자신의 의무라고 주장

⑦ 대치(substitution): 정서적으로 아주 중요하지만 심리적으로 수용할 수 없는 대상을 심리적으로 수용 가능한 다른 대상으로 무의식적으로 대치하는 기제

   예) 오빠에게 매력을 느끼는 여동생이 오빠와 비슷한 사람과 사귀는 경우

⑧ 전치(displacement): 실제로 있는 어떤 대상에게 향했던 감정 그대로를 다른 대상에 표현하는 기제

　예) 도덕적 타락에 대해 강한 무의식적 죄책감을 느끼는 사람이 하루에 수십 번씩 손을 씻음

⑨ 투사(projection): 용납할 수 없는 자기 내부의 문제나 결점이 자기 외부에 있는 것으로 생각하는 기제

　예) '잘못되면 조상 탓한다.'

⑩ 상징화(symbolization): 어떤 사람이나 사물에 부착된 감정적 가치를 어떤 상징적 표현으로 전치시키는 기제

　예) 아이를 낳고 싶은 강렬한 소망을 지닌 여인이 꿈에서 달걀을 보는 경우

⑪ 분리(격리, isolation): 고통스러운 생각이나 기억을 그에 수반된 감정상태와 분리시키는 기제

　예) 아버지가 죽었을 때 슬픔을 느끼지 못했던 청년이 아버지를 연상시키는 권위적 남자 주인공이 죽는 영화를 볼 때는 비통하게 우는 경우

⑫ 부정(denial): 엄연히 존재하는 위험이나 불쾌한 현실을 부정함으로써 그로 인한 불안을 회피하고 편안한 상태를 유지하는 방어기제

　예) 어머니가 사망했음에도 불구하고 돌아가신 것이 아니라 며칠 동안 딴 곳으로 갔다고 믿는 경우

⑬ 승화(sublimation): 원초적이고 용납되지 않는 충동을 적절히 억압할 수 없을 때 사회적으로 용납되는 다른 형태로 전환하여 표출하는 방어기제

　예) 예술은 성적 욕망을, 종교는 막강한 아버지를 찾는 의존심을 승화시킨 것

⑭ 해리(dissociation): 마음을 편치 않게 하는 근원인 성격의 일부가 그 사람의 의식적 지배를 벗어나 마치 하나의 다른 독립된 성격인 것처럼 행동하는 기제

　예) 이중인격자, 몽유병, 잠꼬대, 건망증 등

⑮ 저항(resistance): 억압된 감정이 의식화되면 너무 고통스럽기 때문에 억압된 재료들이 의식화되는 것을 방해하는 과정

　예) 자유연상을 통해 억압된 내용을 상기시킬 때 흔히 부딪히게 되는 연상의 단절, 당혹, 침묵, 불안 등

⑯ 내면화(introjection): 애증(愛憎)과 같은 강한 감정을 직접적으로 표현하는 것을 피하기 위하여 외부의 대상을 자기 내면의 자아체계로 받아들이는 기제

예) 어머니를 미워하는 감정을 수용할 수 없기 때문에 자기 자신을 미워하는 것으로 대치하는 경우

⑰ 원상복귀(취소, undoing): 무의식에서 어떤 대상을 향해 품고 있는 자기의 성적인 또는 적대적인 욕구로 인해 상대방이 당할 것이라고 생각되는 피해를 원래 상태로 되돌려 놓은 기제

예) 굿과 같은 의식

⑱ 전환(conversion): 심리적 갈등이 신체 감각기관과 수의근 계통의 증상으로 표출되는 경우

예) 군에 입대하기 싫어하는 사람이 입영영장을 받아 보고 시각장애를 일으키는 경우

2. 심리성적 발달 단계

1) 개념

① Freud는 생물적 성숙, 특히 성적 충동의 만족에 따라 심리적 발달이 이루어진다고 보았음

② 정신-성적 발달(psycho-sexual development): 프로이드는 인생의 초기, 즉 영아기와 소아기가 기본적인 성격형성에 중요한 역할을 하는 시기라고 생각

③ 발생적 모델: Freud는 특정 시점에서 1차적인 성적 만족을 제공해 주는 신체 영역, 즉 성감대(eortogenic zones)를 중심으로 출생에서부터 성인기에 이르기까지의 일련의 발달 단계를 제시함

※ 고착과 퇴행 ★★

• 고착(fixation): 특정 단계에서의 만족이 지나치거나 과도한 에너지를 투입한 경우 발생

• 퇴행(regression): 성인기에 고통스러운 감정을 경험하거나 스트레스를 받았

> 을 경우 부분적으로 고착되어 있는 발달 단계, 특히 초기 단계에서 하던 행동
> 으로 되돌아가려는 경향

2) 심리성적 발달단계

(1) 구순기, 구강기(oral stage) ★★

① 출생 후 – 1 1/2까지

② 유아의 생존 및 쾌락 획득과 밀접한 관련성 지닌 신체 부위: 입, 입술, 혀

③ 전반기는 수용기 빠는 재미

④ 후반기는 공격기 씹고 뜯는 재미: 10개월 정도 되면 공격성이 나타남

  – 공격성의 잔재 "씹어 먹어도 시원찮은 놈", "에이 퉤!"

⑤ 핵심감정: 의존욕구(dependency), 모성박탈, 분리불안

⑥ 성격유형: 의존적 인격

⑦ 병리현상: 정신분열증, 피해망상증, 알콜리즘

⑧ 과업(task): 기본신뢰(basic trust) ★★

⑤ 구강기의 성격

  – 적절히 보내면: 자신감, 관대함, 자급자족, 잘 주고받기, 남을 신뢰, 독립심이 생
    길 가능성

  – 적절한 만족 경험 못하면: 성인기에 사회적 철퇴(withdrawal), 극도의 의존성,
    친밀한 대인관계 형성 문제 가능성

⑥ 구순동조적 단계에서 과도하게 만족, 또는 불만족한 경우: 성인이 되었을 때 세상
  일에 매우 낙관적이며, 타인을 믿고 의존, 모든 것을 희생해서라도 타인의 인정을
  받으려 함. 수동적, 미숙, 안정감 없고, 남에게 잘 속는 특성 지님

⑦ 구순공격적 단계에 고착: 논쟁적, 비판적, 상대방 비꼬기, 자신에게 필요할 때까지
  타인을 이용하거나 지배

⑧ 구순영역은 일생 동안 성감대로 남아 있게 됨: 성인기 특성으로 손톱 물어뜯기, 껌
  씹기, 흡연, 키스, 과식 등

(2) 항문기(anal stage)

① 1 1/2 - 3세

② 마음의 주된 관심이 항문, 요도에 있음

③ 부모, 특히 어머니에 대한 양가감정(ambivalence)이 생김

④ 공격성이 심화됨

　　- 이 시기 공격성의 잔재 "치사하고 더러운 놈", "개똥만도 못한 놈"

⑤ 항문기 성격

　　- 항문배설적 성격(지나치게 엄격, 강압적 배변훈련): 잔인, 파괴적, 난폭, 적대감

　　- 항문강박적 성격(부모가 정한 규칙에 동조, 순응하는 유아): 질서정연하게 정돈, 결백한 행동

⑥ 적절히 보내면 자주적, 주도권, 협조심, 긍지, 창조성, 생산성, 관용, 자선, 박애행동 특성 성격

⑦ 핵심감정: 분노(분노의 조절 및 적절한 표현이 중요)

⑧ 성격유형: 강박적 인격(꼼꼼, 완벽, 결벽적), 우울증적 인격(자학적, 낮은 자존감)

⑨ 병리현상: 우울증, 강박증

⑩ 과업: 자율성(autonomy)

(3) 남근기(생식기기, phallic stage)

① 3~6세

② 남·녀 어린이에서 모두 음경이 주된 관심사

③ 여자 어린이에선 음경 선망 또는 남성 콤플렉스가 있음

④ 말기가 오이디푸스 콤플렉스(oedipus complex)의 시기 ★★★

　　- 남아가 겪는 갈등 - 오이디푸스 콤플렉스

　　- 여아가 겪는 갈등 - 엘렉트라 콤플렉스(Electra complex)

⑤ 오이디푸스기가 잘 해결되지 못하는 이유

　　- 오이디푸스 전단계 시기의 갈등을 충분히 해결하지 못한 채 넘어왔기 때문에, 오이디푸스기에 대처할 만한 정신적 에너지가 충분하지 못한 경우

　　- 이 시기에 여러 가지 이유(사망, 이혼, 장기간의 이별 등)로 부모 중 어느 한쪽이

없는 경우, 그리고 그를 대신할 만한 사람이 없을 때

    – 부모가 심한 정신병리를 가져서 합리적이고 굳건한 초자아를 형성할 수 없는 경우(변덕이 심한 경우, 잔인하거나 위협적인 경우, 지나치게 유혹적인 경우 등)

⑥ 욕구 좌절 혹인 과잉 충족이 되면

    – 남자: 남근성격(거세공포–윗사람을 두려워 함, 뻔뻔스러움, 자기자랑, 남의 인정을 받고 싶어 함)

    – 여자: 히스테리 성격(연극적 표현이 과장됨, 유혹적, 남의 관심을 끌려함)

⑦ 어느 한쪽 부모에게 지나치게 밀착되면 부모 아닌 다른 사람에게 호감을 갖기 어려움

    – 적절히 보내면 성적 주체성이 굳건해 짐, 건전한 호기심과 지적 욕구 생김, 내부 충동을 자제할 수 있는 자신감이 생김, 적당한 야심을 갖게 됨

⑧ 핵심감정: 경쟁심리, 질투, 인정욕구

⑨ 성격유형: 자기 과시, 히스테리적 성격

⑩ 과업: 성적 주체성, 주도성 ★★

(4) 잠재기(잠복기, latency)

① 6~12세

② 성적 정숙기: 성적 · 공격적 욕구가 외견상으론 잠복된 것처럼 잠잠해지면서 속으로 공상, 환상, 놀이를 통해서 그런 욕구를 발산하는 시기

③ 남자는 남자끼리, 여자는 여자끼리 어울림

④ 학습활동, 취미활동, 운동 등을 통해 성적 충동 승화시킴

⑤ 성격의 하위체계인 원초아, 자아, 초자아 간의 관계가 정립됨

⑥ 과업: 사회화, 사회성 발달 ★★

    – 또래 집단과의 놀이를 통해 아동은 사회화의 기회를 갖게 됨

⑦ 발달과업 성취

    – 적절하면 적응능력 향상, 학업 매진, 대인관계 원만, 자신감과 적응능력 높아짐

    – 부적절하면 열등감, 학업 실패, 겉도는(가짜의) 조숙

⑧ 과도한 충동 억제: 성격 발달 정체, 심각한 강박적 성격으로 발전할 가능성 있음

(5) 생식기(성기기, genital stage)

① 13세 이후, 사춘기 이후의 시기

  - 구순기부터 남근기까지는 자기애적 성본능이 강한 전생식기(pregenital stage)
    에 해당

② 2차 성징 발달: 생식기관 발달, 남성 또는 여성 호르몬 분비 증가

③ 잠재기에 억압되었던 성적 관심 다시 되살아남

④ 성적 쾌락의 성감대는 생식기 포함 전신으로 확대되고 성숙해짐

⑤ 올바르게 성기의 존재 의미를 아는 시기

⑥ 새롭게 분출된 성적 에너지가 일정 기간 동성 친구에게로 향했다가 점차 이성관
  계, 구애, 결혼, 가족형성, 집단활동, 직업에 대한 관심 등으로 옮아가게 됨

⑦ 과업: 정신적 자주 독립, 건전한 이성 관계의 수립 ★★

⑧ 발달과업 성취

  - 원만히 보내면: 성숙, 조화, 주체성의 확립

  - 원만치 못하면: 주체성 혼동

⑨ 인간의 성격 발달은 대부분 이 시기에 확립되나, 일부는 평생을 두고 발전 수정되
  어짐

3. 사회복지실천에의 적용

1) 심리적 건강과 증상

① 건강한 개인은 성격의 하위체계가 조화를 이루고 있으며, 외부 세계와 적절한 교
  류를 할 수 있고, 자아방어기제를 효과적으로 사용하고, 자아가 만족을 지연하고
  자신의 성적 및 공격적 충동을 통제하는 능력을 가지고 있음

② 치료자는 내담자가 보다 현실적인 균형을 성취할 수 있도록 원조하여야 함

2) 치료목표와 과정

(1) 정신분석치료의 목적

개인의 내적인 성격체계를 재구조화하여 좀 더 융통성 있고 성숙하게 만드는 것

(2) 정신분석목표
① 부적응적 행동을 변화시키고
② 증상을 제거하며
③ 정신장애로 인해 중단 또는 지연되었던 발달과정을 재구성하는 것

(3) 치료자의 주된 기능
내담자가 자신의 문제에 대해 통찰(insight)을 갖고 자신의 문제를 변화시키는 방법을 인식하여 자신의 삶을 보다 합리적으로 통제할 수 있도록 돕는 것. 산파의 역할

(4) 정신분석치료의 핵심
내담자와 치료자의 관계(원조관계)

3) 치료적 기법 ★★★

(1) 자유연상(free association)
내담자로 하여금 일상생활의 상념과 선입견을 제거하고 어떤 감정이나 생각도 억압하지 않은 채 마음에 떠오르는 것이면 무엇이든 즉시 말하도록 하고, 이를 통해 내담자의 무의식 속에 숨겨진 억압된 생각이나 감정을 확인하는 방법. 떠오르는 대로 말하도록 함

(2) 해석(interpretation)
내담자의 행동의 의미를 설명하거나 가르침. 단순 설명이 아닌 자아가 더 깊은 무의식 탐색할 수 있도록 도와주는 기능. 내용해석, 저항해석(방어해석), 전이해석, 꿈의 해석 등이 있음

(3) 꿈의 분석(dream analysis)
꿈을 통하여 내담자의 무의식적 욕구, 해결되지 않은 문제에 대한 통찰 얻을 수 있도

록 해주는 기법

(4) 저항(resistance) ★★

치료적 발전을 저해하고 내담자가 무의식적 욕구를 표출하는 것을 방해하는 것으로, 치료자는 효과적인 치료를 위하여 저항을 지적하고 해석함으로써 내담자가 통찰을 더 깊이 할 수 있도록 도와야 함

(5) 전이(transference) 분석 ★

내담자가 과거의 중요한 타인과의 관계에서 해결되지 않고 남아 있는 부분을 치료자가 마치 과거의 주요 인물인 듯 치료자에게 투사하는 전이를 분석하고 해석하는 방법

(6) 역전이(counter transference)

치료자가 내담자에게 보이는 반응

(7) 훈습(working through) ★★

내담자가 이전에 억압하고 회피했던 무의식적 자료를 정확히 이해하고 통합하여 일상생활에 적용할 수 있을 때까지 치료자가 반복적인 해석과 지지를 제공해 주는 연습 과정

01) 방어기제에 관한 설명으로 옳지 않은 것은? (9회 기출)

① 갈등과 불안에 대처하기 위해 초자아가 사용하는 심리적 기제이다.

② 정신내적 갈등의 원천을 왜곡, 대체, 차단하기 위해 활용한다.

③ 긍정적인 기능을 하는 경우도 있다.

④ 억압은 불안에 대한 1차적 방어기제로 대표적인 방어기제이다.

⑤ 두 가지 이상의 방어기제를 동시에 사용하는 경우도 있다.

☞ 해설

자아방어기제는 자아가 갈등과 불안에 대응하고 대처할 때 활용하는 심리적 전략임. 자아방어기제는 정신내적 갈등의 원천을 무의식적으로 억압, 왜곡, 대체, 차단하며, 대부분 한 가지 이상의 방어기제가 동시에 사용되는 경우가 많음. 자아방어기제는 불안을 줄일 뿐만 아니라 긍정적인 사회적 결과를 가져오기도 하므로, 긍정적 자아상을 유지하고 사회적응을 도모하고 정신건강을 향상하기도 함. 자아방어기제의 과도한 사용으로 인해 다른 자아기능의 발달에 투입되어야 할 정신에너지가 고갈되어 정신병리가 나타나기도 함.

정답 ①

02) 방어기제와 그 예가 옳은 것을 모두 고른 것은?   (12회 기출)

> ㉠ 보상 – 운동을 잘 못하는 사람이 공부에 열중하는 행동
>
> ㉡ 억압 – 자신의 애인을 빼앗아 결혼한 친구의 얼굴을 의식하지 못하는 현상
>
> ㉢ 신체화 – 실적이 낮은 영업사원이 실적 보고를 회피하고 싶을 때 배가 아픈
> 현상
>
> ㉣ 반동형성 – 부모의 가장 싫은 점을 자신이 닮아가며 그대로 따라하는 행동

① ㉠, ㉡, ㉢   ② ㉠, ㉢   ③ ㉡, ㉣
④ ㉣   ⑤ ㉠, ㉡, ㉢, ㉣

☞ 해설

반동형성 reaction formation: 용납할 수 없는 감정이나 충동을 정반대의 감정이나
행동으로 대체시켜 표현하는 기제. 예, '미운 놈에게 떡 하나 더 준다.'

정답 ①

03) 다음 내용을 설명하는 것은 무엇인가?   (6회 기출)

> "미운 놈 떡 하나 더 준다.

① 최소   ② 억압   ③ 합리화
④ 반동형성   ⑤ 투사

☞ 해설

반동형성 reaction formation: 용납할 수 없는 감정이나 충동을 정반대의 감정이나
행동으로 대체시켜 표현하는 기제. 예, '미운 놈에게 떡 하나 더 준다.'

정답 ④

제11장
|
분석심리이론

1. 인간관과 가정

1) 인간관
① 전체적 존재
② 역사적이고 미래지향적인 존재
③ 성장지향적 존재
④ 가변적 존재

2) 기본 가정
① <u>무의식적 동기</u>
② <u>개성화</u>
③ 자기 실현
④ 과거, 미래에 동기화된 행동
⑤ <u>집단무의식</u>
⑥ 정신적으로 건강한 사람

⑦ 목적론적 관점

2. 주요개념

1) 의식, 자아와 페르소나
(1) 의식(consciousness)
① 개인이 직접 인식할 수 있는 정신의 부분. 정신의 작은 부분
② 유아가 사고, 감정, 감각, 직관이라는 심리적 기능을 서로 다르게 사용하고 내부
또는 외부로 의식을 향하게 하는 과정에서 점차 분화되어 감

(2) 자아(ego)
① 개인의 의식이 분화되어 가는 과정에서 생김
② 의식적인 지각, 기억, 사고, 감정 등으로 이루어져 있으며, 의식의 주인으로서 의
식 지배
③ 자신을 외부에 표현, 외부 현실 인식, 자신의 내면세계 탐색
④ 자신의 속한 사회집단의 견해나 가치관 행동규범 지각, 집단의 요구에 적응하기
위한 행동양식 익힘

(3) 페르소나(persona) ★★
① <u>자아가 외부 세계에 적응하기 위하여 사용하는 여러 가지 행동 양식</u>
② 사회가 개인에게 요구하는 규범, 사명, 본분, 윤리, 체면에 해당. 가면, 외관, 공적
얼굴
③ 진정한 자신이 아닌 만들어 낸 자신의 태도, 외부 적응에서 생긴 기능적 콤플렉스
④ 적응의 원형(archetype)
⑤ 외부 세계 적응, 타인과 원만한 대인관계의 이점, 자신 은폐, 이중적 성격, 본성에
서 소외, 고독 등

2) 무의식, 개인무의식, 콤플렉스와 그림자 ★★★

(1) 무의식(unconsciousness)

① 인간이 가지고 있으면서 아직 모르고 있는 정신의 모든 것

② 개인이 의식하고 있는 것 너머의 미지의 정신세계

③ 개인무의식과 집단 무의식 두 층으로 구성

④ 의식 작용에 구애 없이 자율적 기능. 의식 구속보다 의식 가능성 제시. 의식에 결여된 부분 보충 역할

(2) 개인무의식(personal unconsciousness)

① 개인의 경험 중에서 별로 중요하지 않거나, 고통스러운 것이어서 망각, 억압하여 의식에 머물 수 없게 된 경험

② 콤플렉스(complex)를 중심으로 모여 있음

(3) 콤플렉스(complex)

① 정서적 색채가 강한 관념과 행동적 충동. 감정, 기억, 사고, 지각 등의 유사한 내용이 모인 정서적 색채가 강한 심리적 묶음

② 핵심요소를 중심으로 유사한 정신적 요소가 무리 지어진 것(예, 죽음 체험한 사람-죽은 사람 연상되면 슬픔과 같은 특정한 감정반응 나타남)

③ 개인의 사고 흐름 방해, 의식의 질서 일시 또는 장기적 교란, 부정적 정서 경험케 함

(4) 그림자(shadow)

① 자아 이면에 자신도 모르는 자신의 분신, 의식과 상충되는 무의식적 측면
    예) '등잔 밑이 어둡다'

② 자아가 처음 의식할 때 미숙, 열등, 부도덕 등 부정적 인상을 받은 것

③ 반드시 부정적인 것만은 아님, 무의식 속에 버려져 분화될 기회 잃어버린 심리적 특성

④ 사회적으로 수용 가능한 형태로 표출-생명력, 자발성, 창조성의 원천이 되기도 함

3) 집단무의식과 원형 ★★★

(1) 집단무의식(collective unconsciousness) ★

① 사람들이 역사와 문화를 통해 공유해 온 모든 정신적 자료의 저장소이자 생명의 원천

② 창조적 가능성을 지닌 인류의 심연의 무의식 영역

③ 유전을 통해 전승, 개인의 지각, 정서 행동에 영향을 주는 타고난 정신적 소인

④ 개인이 직접 의식하지 못한 정신세계, 신화, 민속, 예술 등의 주제를 통해 간접적으로 관찰됨

⑤ 경험이 풍부할수록 집단무의식이 더욱 발달하고 표현될 수 있음

(2) 원형(archetypes) ★

① 집단무의식 구성 요소. 시간, 공간, 문화나 인종의 차이와 관계없이 모든 인간에게 보편적으로 존재하는 인류의 가장 원초적인 행동 유형

② 인류가 사랑과 증오, 어린이, 부모, 노인, 신과 악마, 탄생과 죽음, 남성과 여성 등에 대해 느끼고, 생각하고, 행동해 온 모든 것이 침전된 것

③ 인간이 갖는 보편적, 집단적, 선험적 이미지, 원시적 이미지로 의식됨. 의식적 경험으로 채워질 때 내용이 명확히 결정됨

(3) 원형의 융합

① 집단무의식 속에 각기 별개의 구조로 이루어진 융합이 서로 융합되기도 함

  예) 영웅의 원형+악마의 원형=무자비한 지도자

② 원형 표현의 개인차가 있음

(4) 원형과 본능

① 원형과 본능은 구별 어려움. 뿌리가 같은 현상

  – 본능: 인간의 복잡한 행동 불러일으키는 충동, 정동(affect)

  – 원형: 복잡한 행동에 대한 선험적 이해

4) 아니마와 아니무스

① 자신이 모르는 무의식의 세계인 내면세계에서 외적 성격과 매우 대조적인 태도와 자세, 성향. 아니마(남성 정신의 여성적 측면), 아니무스(여성 정신의 남성적 측면)
② 집단무의식으로 인도하는 매개체로서의 역할
③ 남성성의 속성 – 이성(logos), 여성성의 속성 – 사랑(eros)
④ 바람직한 성역할 기대-문화적 영향. 의식수준의 페르소나나 집단 무의식 속의 아니마와 아니무스가 강하게 표출될 경우 동성애 동경, 또는 성전환자 (transgender)가 되기도 함

5) 자기와 자기실현

(1) 자기(self)

① 집단 무의식 내에 존재하는 타고난 핵심 원형 ★
② 모든 의식과 무의식의 주인, 중심점. 모든 콤플렉스와 원형을 끌어들여 성격 조화, 통일, 안정성 유지하는 원형
③ 자기 vs 자아: '본래적 나', '선험적 나' vs '일상적 나', '경험적 나'

(2) 자기실현

① 성격의 궁극적인 목표. 극소수가 달성
② 자기는 타고난 정신적 소인, 다른 정신체계가 충분히 발달할 때까지 나타나지 않음
③ 인생의 가장 결정적인 변화의 시기인 중년기까진 표면화되지 않음. 성격의 개성화 를 통해 충분히 발달되어야 드러남

6) 정신 에너지

(1) 리비도(libido)

① 정신이 작용하는 데 사용되는 정신에너지. Freud가 말한 성적에너지에 국한되지 않고, 인생 전반에 걸쳐 작동하는 생활에너지
② 배고픔, 목마름, 성욕 및 정동(affect)을 포함하는 모든 본능
③ 정신에너지의 배분정도에 따라 특정한 심리적 요소가 강하게 나타날 수 있음

(2) 정신에너지의 원리: 대립(opposition), 등가(equivalence), 균형(entropy) 세 가
　　지 원리에 의해 작동

① 대립원리: 반대되는 힘이 대립 혹은 양극성으로 존재하여 갈등 야기, 갈등이 정신
　　에너지를 생성하는 데 필수적

② 등가원리: 물리학의 에너지 보존 원리를 적용한 원리. 에너지는 소멸되지 않고, 다
　　른 에너지로 전환

③ 균형원리: 엔트로피(entropy) 원리 적용. 서로 다른 두 가지 욕망의 정신적 가치는
　　좀 더 강한 욕망에서 약한 욕망으로 흐름

7) 성격 유형 ★

(1) Jung의 성격유형의 근거: 자아성향(ego orientation), 정신기능(psychological function)

① 자아성향: 삶에 대한 일반적인 태도. 의식의 주인인 자아가 갖는 정신 에너지의 방
　　향. 외향성과 내향성의 상반된 성향을 의미

② 정신기능: 사고, 감정, 직관, 감각의 네 가지 기능

　　－ 합리적 차원인 사고와 감정, 비합리적인 차원인 감각과 직관으로 구분됨. 주기
　　　능, 부기능, 열등기능에 따라 개인의 기본 성격이 달라짐

　　－ MBTI(Myers-Briggs Type Indicator) 성격검사에 영향

3. 성격 발달에 대한 관점

1) 성격 발달 ★

개성화(individuation)의 과정을 통한 자기실현과정. 성격발달은 전 생애에 걸쳐 발
달한다고 봄

2) 개성화 과정(전반기와 후반기로 구분)

(1) 전반기

① 신체적 아기 탄생 시기, 출생으로부터 시작됨

② 시간 지남에 따라 자아 생성·발달, 원형과 의식기능 분화, 외적 현실 적응 위해 페르소나 발달, 개인무의식에 존재하는 그림자 형성

② 타인과의 관계 확대, 사회규범이나 사회적 요구에 자신을 맞추어 가는 집단화 과정 거침

③ 자아가 자기로부터 분리되어 나감으로써 자아를 강화하고 확대하는 시기

(2) 후반기

① 정신에너지 내부 지향, 내면세계 탐색 강화로 인생 전반기에 분리된 자아가 자기 통합되면서 개성화 이룸

② 인생전반기 자아 강화를 바탕으로 무의식의 내용을 의식하고 이해함으로 자아가 자기에게로 접근해 가는 과정. 자아가 성격의 전체이고 주인인 자기로 변환되어 가는 과정

③ 자아가 정신의 중심을 실현하는 중심화 경향, 무의식을 의식화하는 경향, 정신의 전체성을 다시 회복하려는 힘이 강하게 나타나는 시기. 자신의 본성과 페르소나가 다른 것임을 깨닫게 되고 내면세계로 시선을 돌리게 됨
  - 외적 세계와 자아의 관계 형성 돕는 것: 페르소나
  - 무의식과 자아의 관계 형성 돕는 것: 그림자, 아니마, 아니무스

4. 사회복지실천에의 적용

1) 심리적 건강과 증상에 대한 관점

(1) 정신병리에 대한 Jung의 견해

① 정신과 이상, 건강과 질병은 상대적인 구분

② 건강한 사람과 정신병리를 보이는 사람의 심리상태는 다르지 않음. '병적이라고 불리는 심리적 현상' 설명, 그러나 정신병리이론은 제시하지 않음

③ 건강한 사람: 현재 자신이 직면한 과업 효과적 처리, 현재 상황에 잘 적응, 무의식의 의식화로 자리실현 이루어 가는 사람. 정신구조가 전체로서의 조화를 이루고

있는 사람

(2) 정신병리
① 정상적인 기능에 장애가 일어난 것
② 자기실현을 향한 개인의 성장이 멈춘 것
③ 자신도 모르는 상태에서 전체성에서 벗어난 상태
④ 정신병리의 증상: 현재 개인에게 무언가 잘못되어 가고 있다는 것을 나타내는 표시

2) 치료 목표와 과정
(1) 분석심리치료
① 통찰지향적 정신치료(insight-oriented therapy): 내담자의 병리나 문제보다 내담자의 존재에 유동성 부여하고 변화와 발전을 이끌어 냄
② 정신의 전체성 회복 도움. 자기인식의 증진, 무의식의 의식화 도모하는 내담자의 개성화에 목적 둠

(2) 정신치료의 목표
① Jung은 목적에 고정적 태도를 취하지 않음
② 인생전반기 내담자: 페르소나의 강화와 성장을 통하여 외적 세계에 대한 적응을 지원
③ 인생후반기 내담자: 인격의 성숙, 자기실현을 촉진하는 것

(3) 치료자의 역할
① 내담자의 자기 인식과 치유를 촉진하는데 내담자와 치료자의 관계가 중요
② 행동의 주체가 아닌 내담자의 발전과정을 함께 체험하는 사람
③ 치료의 방법 가졌지만 치료의 수단으로 자신을 활용
④ 내담자의 잃어버린 정신의 전체성 되찾고 통합하며, 장래에 일어날 수 있는 전체성의 분리에 저항할 수 있도록 돕는 역할 수행
⑤ 내담자의 병리적 측면보다는 내담자 내부의 건강하고 건전한 요소를 중시해야 함

(4) 치료의 과정

고백(confession), 명료화(elucidation), 교육(education), 변형(transformation) 4단계로 이루어짐

① 고백단계: 개인의 역사와 경험을 자세하게 표현하여 정화하는 단계

② 명료화단계: 치료자는 전이관계에 관심을 두고, 현재의 상태를 유아기까지 연결하기 위하여 내담자의 꿈과 환상과 같은 상징에 관심을 기울임

③ 교육단계: 내담자가 사회환경에 적응할 수 있도록 페르소나와 자아와 관련된 개입을 함

④ 변형단계: 내담자와 치료자 간의 역동적인 상호작용을 통해 단순히 사회에 대한 적응을 넘어 자기실현으로의 변화를 도모하는 단계

3) 치료기법

① 단어연상기법(word association)

② 전이분석(transference analysis)

③ 꿈분석(dream analysis)

01) Jung의 분석심리이론에 대한 설명으로 옳은 것은?   (5회 기출)

┌───┐
│ ㉠ 페르소나: 개인이 외부에 표출하는 이미지   │
│ ㉡ 음영(shadow): 스스로 인정하기 싫은 부정적 원형   │
│ ㉢ 아니무스: 여자의 무의식에 존재하는 남성적인 면   │
│ ㉣ 자아(ego): 일관성, 통합성, 조화성을 이루려는 무의식적 갈망   │
└───┘

① ㉠, ㉡, ㉢   ② ㉠, ㉢   ③ ㉡, ㉣
④ ㉣   ⑤ ㉠, ㉡, ㉢, ㉣

☞ 해설

㉣ 자아(ego)는 개인의 의식이 분화되어 가는 과정에서 생김. 의식적인 지각, 기억, 사고, 감정 등으로 이루어져 있으며, 의식의 주인으로서 의식 지배, 자신을 외부에 표현, 외부 현실 인식, 자신의 내면세계 탐색, 자신의 속한 사회집단의 견해나 가치관 행동규범 지각, 집단의 요구에 적응하기 위한 행동양식을 익힘.

집단 무의식 내에 존재하는 타고난 핵심 원형으로서, 모든 의식과 무의식의 주인, 중심점. 모든 콤플렉스와 원형을 끌어들여 성격 조화, 통일, 안정성 유지하는 원형은 자기(self)에 대한 설명임.

정답 ①

02) 다음 중 융의 성격구조에 대한 설명으로 옳지 않은 것은?   (8회 기출)

① 개별화(개성화)는 중년기에 외형적 특성을 내적으로 돌리는 과정을 말한다.
② 무의식은 개인무의식과 집단무의식이 있다.
③ 콤플렉스는 인간의 의식 속의 관념 덩어리이다.
④ 무의식 속의 여성의 남성적인 측면이 아니무스이다.
⑤ 음영은 쉽게 왜곡할 수 없으며 동물적 본원의 근원이다.

☞ 해설

콤플렉스(complex)는 정서적 색채가 강한 관념과 행동적 충동. 감정, 기억, 사고, 지각 등의 유사한 내용이 모인 정서적 색채가 강한 심리적 묶음을 말함. 콤플렉스는 핵심요소를 중심으로 유사한 정신적 요소가 무리 지어진 것으로, 개인의 사고 흐름 방해, 의식의 질서 일시 또는 장기적 교란, 부정적 정서 경험케 함.

정답 ③

제12장
|
개인심리이론

1. 인간관과 가정

1) 인간관
① 창조적이고 목표지향적 존재
② 합리적 존재
③ 전체적 존재
④ 주관적 존재
⑤ 불가지성(不可知性) 사회적 존재

2) 기본 가정
① 전체적 존재
② 성향지향적 동기를 가진 목적론적 존재
③ 사회관계: 인간 본성은 사회관계의 이해를 통해서만 파악될 수 있다고 봄
④ 사모든 개인은 협동하고 상호 작용하는 사회관계를 맺을 수 있는 선천적 능력, 즉,
  공동체의식이나 사회적 관심(social interest)을 가지고 있음

⑤ 행동의 주관성: 모든 개인은 자신의 통각 도식(schema of apperception)과 일치하는 방향으로 행동한다는 점 강조

2. 주요 개념

1) 열등감과 보상

(1) 열등감(부적절감, inadequacy)
① 유아기 때부터 시작됨
② 모든 사람이 피할 수 없고 공통으로 갖고 있는 것
③ 인간이 성숙하고 자신의 잠재력을 실현하기 위해 필요한 것
④ 열등감을 보상하기 위한 시도에서 전진, 상승을 위해 움직임
⑤ Adler-열등감 개념 중시
  - 신체열등(organ inferiority) 성공 동인(動因)이 될 수 있음
  - 우월 추구에 대한 동기 유발의 근거
⑥ 열등의식은 약점이나 비정상이 아닌 모든 사람에게 공통으로 존재하는 것
⑦ 열등감이 재능, 용기, 사회적 관심과 연결되어야만 완성 향해 전진 가능
⑧ 열등감에 대한 보상 시도가 성공적이지 못할 때 병적 열등감(inferiority complex) 빠짐

(2) 보상
① 잠재력을 발휘하도록 인간을 자극하는 건전한 반응
② 인간은 항상 좀 더 나아지기를 원하기 때문에 본질적으로 열등감 경험하게 됨

(3) 병적 열등감, 병적 우월감 ★★★
① 병적 열등감(inferiority complex): 열등감에 대한 보상 시도가 성공적으로 이루어지지 못한 경우에 빠지기 쉬움. 병적 열등감에 이르기 쉬운 세 가지 자녀양육환경. 신체 열등, 버릇없이 또는 응석받이로 양육, 방임

② 병적 우월감(superiority complex): 과잉보상의 결과. 자신의 신체적 · 지적 · 사회적 기술을 과장하는 경향

2) 우월에 대한 추구

(1) 우월의 개념 변화
① 공격적이 되는 것: 인간행동의 동기는 공격성, 방해물을 극복하기 위한 역동적 힘
② 강력하게 되는 것: 권력에 대한 의지(will to power), 유약성은 여성적인 것, 권력은 남성적인 것과 동일시
③ 우월하게 되는 것: 남성적 추구의 개념이 정상인의 동기유발을 만족스럽게 설명하지 못하여 우월에 대한 추구(striving for superiority) 개념 채택

(2) 우월에 대한 추구
① 인간생활의 기초: 인간은 위대한 향상의 동기(great upward motive), −에서 +로, 아래에서 위로, 미완성에서 완성으로 나아가는 동기 공유
② 우월이나 완성을 향한 추구의 동기는 선천적으로 타고남−인생 발달단계에서 적절히 신장되어야 함
③ 출생 시 우월 추구의 동기는 잠재력으로 존재, 잠재력 현실화는 개인에게 있음
④ 잠재력 실현 과정은 아동이 자신의 인생목표를 설정하기 시작하는 5세 때부터 시작됨
⑤ 출생에서 사망까지 우월감 추구 노력, 열등감 보상하려는 욕구에서 나옴
⑥ 자기완성, 자아실현 맥락에서 이해

3) 생활양식(life style) ★★

(1) 생활양식의 개념과 형성
① 인생목표, 자아개념, 성격, 문제에 대처하는 방법, 삶에 공헌하려는 소망, 특질(trait), 행동, 습관, 타인에 대한 감정, 세상에 대한 태도 등 한 개인의 독특한 특징을 포괄하는 개념
② 생활양식의 형성: 어릴 때 모두 상상이든 실제로든 열등감 경험, 이를 보상하려는

노력에서 의해 생활양식 형성

③ 생애초기 4~5세(또는 4~6)의 경험에 의해 형성되는 것. 가족 내에서의 경험이 중요

④ 생활양식이 형성되면, 이것은 개인의 외부세계에 대한 전반적인 태도를 결정하게 됨

⑤ 개인의 생활양식은 인생문제에 접근하고 해결하는 방법을 통해 알 수 있음

(2) 인생과업

① 모든 사람이 해결해야 할 세 가지 인생과업-직업, 우정, 사랑과 결혼의 문제

② 인생과업의 해결방법은 개인의 생활양식에 달려 있음

③ 개인이 인생을 유지하고 진전시키는 이유, 개인이 자신의 의미 발견하게 되는 것

(3) 생활양식의 유형론

① 직업, 우정 사랑과 결혼이라는 주요 인생과업에 대한 태도와 행동에 따라 분류

② 사회적 관심과 활동수준에 따른 2차원적 모델

　　- 활동수준: 인생과업과 문제를 해결하려는 개인의 움직임, 분투 또는 에너지를 쏟아붓는 수준 의미

　　- 사회적 관심(social interest): 인간 개개인에 대한 감정이입, 개인의 이익보다는 사회발전을 위해 다른 사람과 협력하는 것 의미

(4) Adler의 생활양식 유형 구분 ★★★

① 지배형(ruling type): 독단적이고 공격적이며 활동적이지만, 사회 인식이나 관심이 없는 유형. 인생과업에 있어서 반사회적이며, 타인의 안녕은 아랑곳하지 않음

② 획득형(getting type): 기생적인 방법으로 외부 세계와 관계를 맺으며, 다른 사람에게 의존하여 대부분의 욕구를 충족하는 생활 유형

③ 회피형(avoiding type): 사회적 관심도 적고 어떤 형식으로든 인생에 참여하려는 활동도 하지 않는 유형. 모든 문제를 회피함으로써 한 치의 실패가능성조차 모면하려는 것이 목표

④ 사회적으로 유용한 생활 유형(social useful type): 사회적 관심과 인생과업을 성취하기 위한 활동 수준이 모두 높아서 자신과 타인의 욕구를 동시에 충족하는 한

편, 인생과업을 완수하기 위해 기꺼이 다른 사람과 협동하는 유형

4) 사회적 관심(social interest) ★★

① 공동체의식. 인류와의 동일시 감정과 인류 각 구성원에 대한 감정이입

② 개인의 우월 추구나 생활양식의 개념과 대립되는 것이 아니며, 인간이 사회적 동물이라는 Adler의 신념 반영된 것

③ 사회적 관심은 각 개인이 이상적인 공동 사회의 목표를 달성하고자 할 때 사회에 공헌하려는 성향

④ 가족관계 및 다른 아동기 경험의 맥락에서 발달하며 어머니가 사회적 관심의 발달에 가장 큰 영향 미침

⑤ 아버지는 아동의 사회적 관심에 영향을 미치는 두 번째 중요인물
  – 이상적인 아버지: 자녀 모두를 동등한 인격체로 대하고 아내와 동등한 위치에서 협력하며 자녀를 돌보는 사람

⑥ Adler는 아동에게 사회적 관심을 키워주는 능력은 인생과업에서 만족감을 느끼는 사람만이 가진다고 봄(직업, 우정, 사랑과 결혼)

⑦ 부부관계가 자녀의 사회적 관심 발달에 지대한 영향 미침

⑧ 사회적 관심은 장래의 모든 적응력의 중요한 관건으로 한 개인의 심리적 건강을 측정하는 유용한 척도

5) 창조력(Creative power)

① 개인심리학을 대표하는 개념으로 생의 의미를 제공하는 원리

② 자아의 창조적 힘에 의해 생활양식 발달

③ 인생목표와 목표 추구 방법 결정

④ 사회적 관심 발달에 기여

⑤ 지각, 기억, 상상, 환상, 꿈에 영향 미쳐 자주적인 사람이 되게 함

⑥ 창조력은 유전과 환경 영향도 있으나, 개인의 주관적 판단과 선택 중시

⑦ 성격형성에서 주어진 재료는 이차적 요인, 사람은 스스로 자신을 만들어 감

6) 가족형상(family constellation) ★★

(1) 개념
① 가족성원 간의 정서적 유대, 가족의 크기, 가족의 성적 구성, 출생순위, 가족역할 모델 등의 가족 분위기
② 성격발달에 지대한 영향을 미침. Adler는 가족형상 중 출생 순위를 매우 중시함. 가족형상은 잘못된 생활양식을 왜곡시킬 수 있음

(2) 생활양식을 왜곡하기 쉬운 상황
① 신체적으로 병약하거나 허약한 아동
② 응석받이
③ 거부당하는 아이

(2) 가족구도 및 출생순위와 성격의 특징
① 첫째아이
　- 처음 태어나서 독자인 시기는 부모의 끊임없는 관심과 사랑을 받으면서 자람
　- '폐위된 왕' - 변화로 보통 열등감 경험. 과거의 위치 되찾기 위해 저항하려는 경향 나타냄
　- 가족 간의 투쟁의 결과 첫아이는 스스로 고립해서 적응해 나가며, 다른 사람의 애정이나 인정을 얻고자 하는 욕구에 초연해지고, 독자적 생존 전략 습득함
　- 윗사람들에게 동조하는 생활양식 발달시키면서 성장, 성장 후 권위를 행사하고 싶어 하고 규칙과 법을 중시하는 경향
② 둘째 아이
　- 태어날 때부터 형이나 누나라는 속도 조정자를 가짐
　- '경쟁'이 둘째 아이의 가장 큰 특성. Adler(1931)는 마치 경주를 하는 것처럼, 자기 앞의 누군가를 앞지르기 위해 서둘러야 하는 것처럼 행동, 항상 전속력을 다하고 있다고 묘사. 아주 경쟁심이 강하고 큰 야망을 가진 성격
③ 중간아이
　- 위아래로 형과 누나, 동생을 두고 있으므로 압박감 느낌

- 자기 능력에 대한 확신을 갖지 못하고 무력감을 느끼며 다른 형제자매에게 의존
  하는 태도 보일 수 있음
- 친구 사귀기, 사회관계 맺는 일에 강점 가짐. 가족갈등 조정자 역할 담당하기도 함
④ 막내 아이
- 막내 아이의 독특한 특성 나타냄
- 동생에게 자리 빼앗기는 경험 안 함. 부모나 형제에 의해 응석받이로 자랄 가
  능성
- 자유롭게 자신의 길을 추구하여 독특한 영역에서 탁월한 능력 보이기도 함
⑤ 외동 아이
- 경쟁할 형제가 없는 독특한 위치. 어머니가 응석받이로 기르기 쉬운 약점
- 독자의 생활양식에서는 의존심과 자기중심성이 현저하게 나타남
- 어린 시절부터 가족의 관심의 초점이 되지만 나중에 자신이 이미 관심의 주요 대
  상이 아니라는 것을 깨닫게 됨

7) 가상적 최종목표(fictional finalism) ★★

(1) 개념
① 목적론적 관점에서 인간 이해, 인간의 모든 행동은 어떤 목표를 지향
② 인간이 자신의 인생에서 실현하고자 하는 궁극적 목표. 개인마다 다름
③ 인생을 살아가는 데 영향을 주는 가상적 신념이 있음. 가상적 신념의 예, '정직이
   최상의 정책이다', '모든 인간은 평등하게 태어났다.' 등
④ 개인의 우월성의 추구 성향, 생활양식, 사회적 관심 등은 가상적 최종목표에 의해
   결정되며, 다른 행동의 의미도 알 수 있게 됨

(2) 가상적 최종목표의 유용성
① 성격통합의 원리로 작동하고 개인의 삶을 인도하는 초점이 됨
② 현실에 효과적으로 대처하는 데 큰 도움이 됨. 가상적 최종목표가 일상생활 수행
   에 도움이 되지 못하면 목표는 수정되어야 하거나 포기해야 함(Adler의 주장)

(3) 가상적 최종목표의 위험성

아픈 것처럼 행동하는 우울증 환자, 학대받고 있는 것처럼 행동하는 편집증 환자. 극단적 예 – 히틀러의 아리안 민족이 우수한 민족이라는 신념

3. 사회복지실천에의 적용

1) 심리적 건강과 증상에 대한 관점

① 열등감을 보상하고 우월을 추구하는 과정에서 만나게 되는 환경적 장애물에 어떻게 반응하느냐에 따라 적응의 정도 결정

② 적응적 개인: 심리적으로 건강한 사람, 용기를 가지고 문제에 직면, 현실적으로 삶을 바라봄, 타인의 안녕과 행복에 기여하려는 의지 갖고 있음

③ 정서적으로 문제가 있는 사람: 불완전한 생활양식, 잘못된 인생목표를 지니고 있거나 사회적 관심이 부족한 사람이라고 봄

④ 부적응적 개인: 현재의 자신과 이상적 목표 사이에 상당한 거리를 두고 있는 사람. 개인의 이익 추구에만 관심, 타인의 안녕과 복지에 관심이 없음. 회피형, 지배형, 획득형 생활양식 지닌 사람. 사회적 관심 부족. 자기중심적, 남보다 우월하기 위해 노력, 사회 목적의식 부족. 자기이익과 자기 보호에 사로잡힌 삶

2) 치료 목표와 과정

(1) 개인심리치료의 치료목표

① 내담자의 생활양식 이해, 부적응적인 목표와 신념 파악하여 사회적 관심 증진하고, 좀 더 적응적인 목표와 생활양식으로 변화시키는 것

② 증상 경감이나 제거보다 기본적인 삶의 전제 수정하고 왜곡된 삶의 동기 수정에 초점

(2) 내담자-치료자 관계

① 상호 신뢰와 존경에 기초를 둔 동등한 관계로 봄

② 내담자는 수동적 존재가 아니라 치료 활동적 주체임을 깨닫게 하고, 자기 행동에
책임의식 갖게 함
③ 내담자는 능동적 인물

3) 치료기법
① 치료자는 기법 선책에 절충적. 특수한 절차에 구애됨 없이 특정 내담자에게 가장
알맞은 기법을 치료자의 임상적 판단에 따라 광범위하게 적용
② 기법: 즉시성, 격려, 역설적 개입, 역할극, 수프(soup) 엎지르기 기법, 단추 누르기
기법, 직면, ,과제부여 기법, 이외에 조언, 유머, 침묵 등 내담자의 특성에 따라 절
충적으로 활용

01) 성격 이론과 학자와의 연결이 옳지 않은 것은?   (12회 기출)

① 분석 심리이론 – 융(C. Jung)

② 인본주의 이론 – 로저스(C. Rogers)

③ 사회학습 이론 – 반두라(A. Bandura)

④ 개인심리 이론 – 매슬로우(A. Maslow)

⑤ 행동주의 이론 – 파블로프(I. Pavlov)

☞ 해설

개인심리이론은 아들러의 이론. 매슬로우의 이론은 욕구위계이론임.

정답 ④

02) 아들러 이론에 관한 설명으로 옳지 않은 것은?   (13회 기출)

① 인간행동의 객관성과 보편성을 강조한다.

② 인간을 하나의 통합된 유기체로 인식한다.

③ 출생순위는 생활양식 형성에 영향을 미친다.

④ 사회적 관심은 선천적이지만 의식적인 개발을 필요로 한다.

⑤ 개인의 성장과 발달은 열등감을 극복하려는 시도에서 나온다.

☞ 해설

아들러 이론의 인간관은 (1) 창조적이고 목표지향적 존재, (2) 합리적 존재, (3) 전체적 존재, (4) 주관적 존재, (5) 불가지성(不可知性) 사회적 존재 등임. 아들러는 인간이 주관적 존재이므로 객관적으로 분석하여 파악하는 것이 어렵다고 보았음.

정답 ①

1. 인간관과 가정

1) 인간관
① 합리적이고 창조적인 존재
② 전체적 존재, 환경 속의 존재(person in environment)
③ 가변적 존재

2) 기본가정
① 기본적으로 Freud의 성격에 관한 가정을 받아들이지만, 인간의 행동이 세 가지 사회적 충동에 의해 시작된다고 봄
   - 사회적 관심에 대한 욕구
   - 환경을 지배하고자 하는 유능성에 대한 욕구
   - 사회적 사건의 구조와 질서에 대한 욕구
② 개인을 이해하기 위해서 환경적 요인의 영향 이해 필요(자연환경, 역사적 환경, 기술환경 등)

③ 점성설(漸成說, epigenesis): 각 발달 단계는 이전 단계의 경험이 어떻게 해결되었
   는가에 따라 달라짐, 후생설. 점성설에서는 개인이 기본 도안(ground plan)을 갖
   고 태어남
④ 자아정체감: 개인의 자아정체감 발전 과정에 초점. 자아정체감 형성은 인생에 대
   한 개인적 철학과 통합된 가치체계의 형성을 포함하는 발달적 과업, 일생 동안 지
   속되는 과정
⑤ 심리사회적 정체감: 개인의 생활사(life history)가 사회의 역사와 밀접하게 관련되
   어 있으며, 여러 단계를 거쳐 위계적으로 재구조화(hierarchical reorganization)

2. 주요 개념

1) 자아(ego)의 발달과 특성

① 자아는 개인의 환경에 성공적으로 적응하는 데 필수적인 기본적 기능을 수행하는
   성격의 일부분
② 자아기능은 타고나는 것이며, 성숙과 신체 · 심리 · 사회적 요인 간의 상호작용 통
   해 발달
③ 자아는 욕구의 충족, 타인과의 동일시, 학습, 발달과업의 성취, 문제해결, 스트레
   스 및 위기에 대처하는 과정에서 지속적으로 발달
④ 자아는 자율적으로 기능하지만, 성격의 일부분이므로 내적 욕구와 충동 그리고 내
   면화된 타인의 특성과 기대, 가치와 관련지어 이해해야 함
⑤ 자아는 개인과 환경 간의 관계를 중재할 뿐 아니라 성격의 다양한 요인 사이의 내
   적 갈등을 중재하고, 불안과 갈등에서 보호할 수 있는 방어기제를 사용함
⑥ 자아의 대처능력 결여뿐만 아니라 개인의 욕구와 능력이 환경적 조건이나 자원과
   합치되지 않을 때 사회적 기능상의 문제가 나타남

3. 심리사회적 발달 단계

1) Erikson의 심리사회적 발달 8단계 ★★★

단계	생활주기	연령	심리사회적 위기 (적응 대 부적응)	자아강점 (자아특질)	주요 관계 범위	주요 병리	심리성적 발달단계
1	영아기	출생~2세	신뢰감 대 불신감	희망	어머니	위축	구순기
2	유아기	2~4세	자율성 대 수치심	의지(력)	부모	강박적 행동	항문기
3	학령전기	4~6세	주도성(솔선성) 대 죄의식	목적	가족	억제	남근기
4	아동기	6~12세	근면성 대 열등감	(학습과 행동강화) 능력	이웃, 학교(교사)	무력함	잠재기
5	청소년기	12~22세	자아정체감 대 정체감 혼란	충성심	또래집단, 외집단 지도력의 모형들	거부(거절)	생식기
6	성인기	22~34세	친밀감 대 고립감(소외감)	사랑	우정, 애정, 경쟁, 협동의 대상들	배척 (배타성)	
7	중장년기	34~60세	생산성 대 침체	배려	직장, 확대가족	거부(거절)	
8	노년기	60세~사망	자아통합 대 절망	지혜	인류, 동족	경멸	

2) Erikson의 심리사회적 발달 단계별 특징

(1) 기본적 신뢰감 대 불신감(basic trust vs mistrust)

① 신뢰감: 다른 사람을 믿을 수 있고, 그들의 행동이 예측 가능한 것이라고 인식하는 것

② Freud와는 달리 Erikson은 구순기에 해당하는 영아는 평안한 생활, 영양 섭취, 편안하게 배설하는 것 중요하게 봄

③ 영아는 생래적으로 양육적보호자와 사회적 상호작용 하려는 강한 욕구 지니고 있음 강조

④ 영아의 신뢰 형성은 어머니와 할머니, 보육교사 등의 모성인물(mother figure)로부터 받은 양육의 질에 의해 결정. 모성인물의 따스한 눈길, 웃어주고, 먹여주고, 어루만져 주는 보살핌을 통해 신뢰감 형성함

⑤ 영아에 대한 어머니의 보살핌이 적절하지 못하여, 일관성이 없고 거부적인 경우에 불신감 형성

(2) 자율성 대 수치심과 의심(autonomy vs shame and doubt)

① 유아가 관계 맺는 주요범위에는 모성인물과 부성인물이 포함됨

② 유아의 신체 및 인지적 발달이 빠르게 나타나는 시기. 말을 할 수 있고, 사회적으로 수용되는 행동 인식, 독립적으로 주변환경 탐색, 생리적 성숙(배변 보유 방출, 혼자 서기, 손 사용 능력 발달 등)

③ 자기 통제와 주위 사람으로부터의 통제라는 두 가지 요구에 직면
  - 자존감 상실하지 않고 자아통제 발휘하거나 타인의 통제에 적응자율성의 방향으로 위기 해결
  - 타인 의식, 두려움 갖게 되는 것, 수치심과 의심, 부모가 아이의 고집을 꺾기 위해 지나치게 수치스럽게 만들면 부모와 소원, 자기확신 획득의 실패로 수치심 강화됨

④ 배변훈련의 중요성에 대한 Freud 관점 수용: 배변훈련시 유아의 선택권, 보모와의 상호작용 통해 해결

⑤ 자율성 대 수치심의 심리사회적 위기
  - 성공적 해결: '의지' 라는 긍정적 자아특질 형성, 성인기에 정의감으로 확대 발전
  - 부정적 결과: 강박증, 충동 제한 위해 반복적 행동을 하는 것

⑥ 과도하게 수치심을 느낀 유아는 자기 자신을 싫어하고, 부담스러울 정도의 수치심 가지고 살게 됨

(3) 솔선성 대 죄의식(initiative vs guilt)

① 주요 관계 범위: 부모와 형제자매 등 핵가족으로 확대

② 남근기의 오이디푸스 콤플렉스와 관련된 전통적 정신분석이론 관점 유지
  - 그러나 불평등 원천의 생물학적 결정론이 아니라 사회적 상호작용에 의해 결정된다고 봄
  - 유아는 성적 관심보다 놀이와 자신의 선택한 활동에 더 많은 관심이 있다고 전통 정신분석적 사고와 다른 관점 제시

③ 발달적 위기의 결과는 유아의 놀이, 탐구, 시도 및 실패, 장난감을 사용한 연습 등의 결과에 달림

④ 유아의 육체적 놀이와 상징놀이로 성인 행동 모방, 성인처럼 되는 것 알게 됨

⑤ 솔선성의 발달 정도: 부모가 유아의 솔선적 행동에 어떻게 반응해 주는가에 달림
- 솔선성 획득: 유아 스스로 환경 탐색하고, 스스로 행동할 수 있도록 격려
- 죄의식: 유아 스스로 일 완수 기회 부여하지 않고, 꾸지람 하게 될 때

⑥ 심리사회적 위기 성공적 극복: 목적의식 발전시킴
- 성인기 때 세계의 다양한 측면에 정열적으로 관여

⑦ 심리적 위기 극복 과도한 방해: 목표달성에 대한 용기 부족, 금지의 감정, 생각과 표현의 자유 방해하는 억제 강하게 나타남
- 성인기 때 소극성, 성적 무기력, 불감증 등 정신병리 유발

(4) 근면성 대 열등감

① 주요 사회관계 범위: 가족, 이웃, 학교의 구성원

② 공식적 교육 통해 문화에 대한 기초기능 습득

③ 과업: 인지적 기술과 사회적 기술 숙달. 정해진 놀이 규칙에 따라 또래와 협동, 어울림, 연역적 추리, 자기통제 등의 능력 발전

④ 근면성 발달: 사회적 기술 쌓고, 의미 있는 일 성취 위해 열정적 참여 과업 완수, 주변사람의 강화로 발달

⑤ 열등감 형성: 학습추구 용기 상실, 부모나 교사의 요구 과업 성취능력 없다고 느낄 때

⑥ 위기 긍정적 해결: 유능성(competency)

⑦ 위기 부정적 해결: 비활동성(inert)

(5) 자아정체감 대 정체감 혼란(identity vs identity confusion)

① 생식기 시기

② 주요 사회관계 범위: 가족, 이웃, 학교의 구성원, 친구나 또래집단

③ 자아정체감은 사회적 지지가 아동기부터 연속적이고 잠정적인 동일시를 형성할 수 있도록 허용해 주는 정도에 따라 다름

④ 청소년기 개인 자신에 대한 고민, 또래집단이 상호작용의 초점 영역이 됨

⑤ 청소년기의 성격 특성: 자아정체감을 이전의 동일시와 새로운 동일시의 부분들을

새롭게 조합한 것자아정체감은 일생에 걸친 발달과정

⑥ 성적 정체성: 동성에 대한 동일시, 건강한 발달

⑦ 성적 정체감 형성 못하면, 양성혼란(bisexual diffusion)

⑧ 정체감 혼란, 자기확신의 결여, 반사회적 행동

⑨ 위기의 성공적 극복: 성실, 즉 충성심 유지 능력 형성

⑩ 정체감 혼란: 주요한 발달 단계에서 동일시의 위험하고 바람직하지 못한 측면 축적 결과(Newman & Newman)

(6) 친밀감 대 소외감(intimacy vs isolation)

① 주요 관계 범위: 가족, 이웃, 학교의 구성원, 친구나 또래집단, 친구나 애인, 배우자 등으로 확대

② 22~34세. 구혼과 결혼, 적성에 맞는 직업 찾는 노력, 자신의 장래, 타인에 비치는 자신의 모습에 관심이 강해짐

③ 이성에 대한 감정, 자신의 미래와 희망, 미래 계획에 대한 끊임없는 탐색과 도전 통해 자아탐색

④ 자아탐색 몰입은 오히려 친밀감 형성 방해, 자아고립 상태 처하게 됨
    − 진정한 친밀감은 합리적인 자아정체감이 형성되었을 때에만 가능
    − 확고한 자아정체감을 확립한 사람만이 타인과의 상호관계 몰두

⑤ Erikson이 말하는 친밀감: 친구, 배우자, 가족과 친밀한 관계
    − 사랑, 신뢰감 공유하는 사람과 성적 상호성 형성, 일과 여가 주기 지속, 자녀출산
    − 타인의 복지에 대한 관심, 지적인 자극 유발하는 상호작용에 대한 관심도 친밀감에 포함

⑥ 위기 극복 실패: 자아도취 상황이나 친밀한 사회관계 회피 고립, 소외감 경험

(7) 생산성 대 침체(generativity vs self-stagnation)

① 34~60세

② 주요 관계의 범위: 직장과 확대가족의 성원

③ 주요 과업: 자녀 양육

④ 생산성: 자녀를 출산하고 양육하는 것 이외에 학생, 동료 또는 친구 보호, 직업이
   나 여가활동 참여하며 얻게 되는 창조성 포함, 다음세대로의 사상 전수도 포함
⑤ 생산성 대 침체의 위기 성공적 극복: 타인 배려, 보호할 수 있는 능력 형성
⑥ 타인 충분히 보호하고 관심 기울이지 못하면: 부정적 자아 특질인 거부
   (rejectivity) 또는 권위주의 형성, 인간관계 황폐화, 중년기의 위기, 절망과 인생의
   무의미함 느낌

(8) 자아 통합 대 절망(integrity vs despair)

① 60세~사망
② 주요 관계의 범위: 인류 전체
③ 주요 과업: 자아의 통합성
   – 후회 없고, 생산적 인생, 성공, 실패에 잘 대처한 개인은 통합 성취 가능성
④ 자아통합성 성공적으로 성취한 사람: 과거, 현재, 미래 경험이 연속성을 지니게 됨
   – 생활주기를 수용
   – 인생의 불가피성을 인정하고 완전감을 경험
   – 죽음에 직면하여 삶에 대한 적극적 관심을 갖게 됨
⑤ 자아통합과 절망의 위기를 성공적으로 해결하지 못한 사람: 경멸이라는 부정적 자
   아특질이 특징적으로 드러남
   – 절망: 죽음을 두려워하고 새롭게 살 수 있는 기회를 갖기를 원하는 사람에게 지
     배적으로 나타남
   – 강한 절망감 가진 개인: 세계 질서와 영적 통합감을 거의 느끼지 못함

4. 사회복지실천에서의 적용

1) 심리적 건강과 증상에 대한 관점

① 전통적 정신분석이론에서 충동이나 본능을 강조한 것과 달리, 자아심리이론에서
   는 환경에 대한 자아의 대처 및 지배 능력과 관련된 행동을 중시함

② 인간을 전체적 존재로 보기 때문에 하나의 병리에 하나의 원인이 존재한다고 보지 않음

③ 에릭슨은 내담자의 과거 발달과정의 왜곡에 대한 정확한 사정이 필요하다고 보고 있음

④ 치료자가 내담자의 발달상의 성공과 실패를 재구성함으로써 성인기의 행동과 장애의 근원을 사정할 수 있게 됨

2) 치료 목표와 과정

(1) 치료 목표

내담자가 통찰을 통하여 정확한 자아인식을 갖게 하고, 환경과 활발하고 긍정적으로 상호작용하고 환경에 대한 자아지배력을 회복하고, 또 자아기능을 회복하고 병리적 증상에서 벗어날 수 있도록 돕고, 자신의 인생에 대한 선택권을 자유롭게 행사하고 삶을 창조적으로 영위할 수 있도록 원조하는 데 목표를 둠

(2) 치료자의 역할

치료자가 해석을 통하여 내담자에 대한 체계적 분석을 지지해 주는 것이 임상적 치료 관계의 핵심. 치료자는 해석을 통하여 내담자의 통찰을 확대해 주어야 함. 치료자는 정신분석치료에서보다 좀 더 지지적인 태도를 취하며, 내담자가 감정을 명확화하여 표현할 수 있도록 원조하는 역할을 수행함

(3) 치료기법

에릭슨이 주로 사용한 치료기법으로는 치료자가 자유로운 입장에서 주의를 집중하여 경청하는 것, 부적절한 추론을 억제하고, 내담자가 치료적 명확화(curative clarification)를 추구할 수 있도록 허용하고 해석하는 것이 포함됨. 격려나 제안은 삼가며, 치료적 관계에서 나타나는 전이나 꿈에 대한 해석도 함

01) 에릭슨(E. Erikson)에 관한 설명으로 옳지 않은 것은?　　　　(10회 기출)

① 에릭슨은 자아심리이론가이다.

② 에릭슨의 이론을 심리 사회적 이론이라고 한다.

③ 개인의 발달은 사회를 풍요롭게 한다고 하였다.

④ 성격발달에서 유전적 요인의 영향력을 배제하였다.

⑤ 각 단계별 심리 사회적 위기를 극복하면 자아특질이 강화된다고 하였다.

☞ 해설

에릭슨은 기본적으로 Freud의 성격에 관한 가정을 받아들이지만, 인간의 행동이 세 가지 사회적 충동에 의해 시작된다고 봄(사회적 관심에 대한 욕구, 환경을 지배하고자 하는 유능성에 대한 욕구, 사회적 사건의 구조와 질서에 대한 욕구). 또한, 개인을 이해하기 위해서 환경적 요인의 영향 이해 필요하다고 하였음. 에릭슨은 인간행동이 기본적으로 생물학적 요인에 의해 발생하며, 이것들이 성격 형성에 기초가 된다고 보았음.

정답 ④

02) 에릭슨과 프로이트의 발달 단계의 연결로 옳은 것은?　　　　(14회 기출)

① 근면성 대 열등감 – 구강기(oral stage)

② 친밀감 대 고립감 – 잠복기(latency stage)

③ 주도성 대 죄의식 – 생식기(genital stage)

④ 자율성 대 수치와 의심 – 항문기(anal stage)

⑤ 정체감 대 정체감 혼란 – 남근기(phallic stage)

☞ 해설

에릭슨의 심리사회적 발달단계에서 유아기(2~4세)는 과업이 자율성 대 수치와 의심임. 이는 프로이트의 심리성적 발달단계에서의 항문기에 해당함.

정답 ④

제14장
|
대상관계이론

1. 인간관과 가정

1) 인간관
① 인간은 대인관계를 형성하고 유지하고자 하는 욕구를 지니고 있으며, 이러한 욕구
   가 인간행동의 동기이며, 성격 형성의 결정적 요인이라고 봄
② 환경 속의 존재
③ 관계지향적 존재
④ 개별화 추구 존재
⑤ 불변적 존재
⑥ 주관적 존재

2) 기본가정
(1) 선천적 관계욕구
① 인간은 생물적 본능 충족을 위해서가 아니라 대인관계를 형성하고 유지하고자 하
   는 욕구를 지니고 있으며, 이러한 욕구는 타고난 것

② 인간행동의 동기이며, 관계를 통하여 성격구조가 형성된다고 봄

(2) 초기 대상관계 경험의 중요성

인간의 초기 발달 단계의 경험, 특히 대상관계의 경험이 성격 형성의 결정적 요인. 이후의 대인관계, 행동 등에 지속적인 영향을 미침

(3) 정신병리

① 내담자의 내적 대상관계의 문제인 동시에 자기(self)의 혼란, 통합적 자아기능의 문제

② 영·유아기에 형성된 왜곡된 대상과 자기에 대한 표상을 기반으로 형성된 역기능적 대상관계가 의식, 무의식의 영역에서 현재의 관계, 감정, 태도, 행동에 부정적 영향을 미침

③ 정신병리의 결과로 부적응 행동, 역기능적 대인관계, 자아의 조절·통합 기능 저하. 개별화된 존재로 살아가는데 어려움을 겪음

2. 주요 개념

1) 대상(object), 또는 타자(other)

(1) 개념

① 주체(subject)에 대비되는 개념으로 주체가 관계를 맺고 있고, 사랑, 미움 등의 정신에너지가 투여된 어떤 것

② 사람, 사물, 장소, 생각, 환상 등이 포함되지만, 사회환경 속의 타인과의 관계를 의미할 때 사용되는 개념으로 주로 '인간 대상' 지칭

(2) 대상 개념의 다양한 하위 개념 I

① 외적 대상(external object): 사회환경 내에 있으면서 직접 관찰이 가능한 실재하는 사람, 사물, 장소 등을 의미

② 내적 대상(internal object): 외적 대상에 대해 개인이 갖는 이미지, 생각, 환상, 감정, 기억 등을 포함 전체적인 심상을 의미

③ 중간대상(transitional object): 외적 대상과 내적 대상의 중간 영역에 위치하면서 유아와 애착관계를 형성하는 대상

- 인형, 담요, 이불과 같이 유아가 습관적이면서도 강한 애착감정을 부여하는 대상
- 중간현상: 중간대상과 동일한 기능 수행. 노래, 자장가, 몸짓, 습관적 태도 등

(3) 대상 개념의 다양한 하위 개념 Ⅱ

① 부분대상: 대상이 지니고 있는 특정 부분 의미(예, 어머니의 가슴, 손, 팔, 좋은 부분, 나쁜 부분 등)

- 좋은 대상(good object): 어머니라는 대상이 쓰다듬어 주는 손
- 나쁜 대상(bad object): 어머니의 때리는 손

② 전체대상: 대상의 모든 부분. 어머니의 쓰다듬는 손(좋은 대상)과 때리는 손(나쁜 대상)은 어머니라는 전체 대상에 속한 것으로 통합적 이해. 대상을 통합된 개체로 인식할 때 정신적으로 성숙한 것으로 봄

2) 자기(self) ★★

① 유아가 양육자와의 경험을 바탕으로 내면화한 자신에 대한 지각, 정서, 감각, 기억, 기대, 환상 등을 포함하는 정신적 표상(Hamilton, 1988)

② '나' 라는 사람에 대한 정신적 이미지, 자기표상

③ 다른 사람에게 실제로 보이는 사람은 자기가 아니라 개인(individual)

3) 대상관계(object relation)

① 자기와 대상의 관계. 자신과 대상의 실제로 맺는 대인관계(interpersonal relationship)를 의미하는 것이 아니라 대상과의 관계를 의미

② 대상관계의 구성요인: 자기표상, 내적 대상표상, 둘 사이의 정서적 연결

③ 유아의 내면세계에는 대상에 대한 표상뿐만 아니라 대상에 반응하고 행동하는 자기에 대한 표상도 형성됨

④ 대상관계는 의식, 또는 무의식적으로 개인의 인지, 정서, 행동에 지속적인 영향을 미침

⑤ 생애 초기 형성된 대상관계는 이후의 관계 경험에 의해 수정 가능, 그러나 지나치게 구조화된 대상관계를 변화시키는 것은 쉽지 않음

4) 자아(ego)

(1) 자아(ego) 용어와 개념의 다양성

대상관계이론에서 자아라는 용어는 자기(self), 조직화(organization), 조직화하는 기능(organizer)이라는 의미로 다소 혼란스럽게 사용됨

① Klein: 자아와 자기를 동의어로 사용

② Fairbairn: 자아를 좀 더 세부적으로 구분하여 사용

③ Kohut: 자아라는 용어 사용하지 않고, 자기 개념 사용

(2) Hamilton(1988)의 '자아' 개념

① '자기로서의 자아'와 '체계(system)'로서의 자아라는 개념 포괄

 - '자기로서의 자아' : 자기 자신의 신체이미지나 주관적 감각에 대해 의식 또는 무의식적으로 자각하는 것. 대상관계이론의 자기표상과 유사

 - '체계로서의 자아' : 지각, 충동, 감정, 양심 등의 요구 사이에서 균형을 유지하고 통합하고 안정화하는 기능을 종합하고 조직화하는 기능을 의미

② 자아의 의미탐색을 근거로 행위자(agent)로서의 자아, 조직화하는 기능(organizer), 균형을 유지하는 기능(balancer), 중앙통제기능을 수행하는 과정으로 보고 자아의 통합적 기능을 강조

(3) 자기와 자아 ★★

① 자아: 자기표상과는 다른 일련의 기능 내포하는 추상적 개념. 어떤 현상을 관찰하고 지각하는 주체로서 가끔 자기를 자아로 간주하는 경우가 있지만, 자기와는 다름

② 자기: 사고하고 행동하고 느끼고 통합하고 조직하는 기능. 자기의 기능은 자아가 하는 다양한 기능 중에 한 가지이며, 자아가 자기를 조직화하고 통제함. 자아기능

의 결손은 거의 예외 없이 자기병리로 연결됨

5) 표상(representation) ★★

① 개인이 자신과 외적 대상을 있는 그대로의 모습대로가 아니라 주관적으로 지각하고 경험한 바를 바탕으로 만든 정신적 이미지. 인지적, 정서적, 행동적 요소를 모두 포함

② 한 개인이 자신의 내면세계에 외적 대상에 대해 가지게 된 의미와 이미지 또는 대상을 받아들이고 소유하는 방식

6) 내면화(internalization) ★★

① 개인이 새로운 환경이나 대상의 특성을 자신의 내면으로 받아들여 자기의 특성으로 변형시키는 심리적 기제

② 내면화의 심리적 기제에는 함입, 내사, 동일시가 포함됨

  – 함입(incorporation): 가장 초보적 수준의 내면화 기제로서 자기와 대상 간의 분명한 경계가 발달하기 전에 대상을 개인의 내면으로 받아들여 자기와 대상의 구분 없이 하나로 융합되어 자아와 대상이 공생적 합일체가 되는 것을 의미

  – 내사(introjection): 자기와 대상이 어느 정도 분화되어, 대상의 행동이나 태도, 감정 등이 자기이미지로 융화되는 것이 아니라 대상이미지로 보존되는 심리적 기제를 의미

  – 동일시(identification): 자기표상과 대상표상이 어느 정도 안정되었을 때, 대상의 특성을 선별적으로 받아들여 대상과 자신이 구별되는 느낌을 유지하면서 그 대상의 이미지를 자기표상으로 귀속하는 기제를 의미

7) 통합, 분화, 분열, 이상화, 평가절하 ★★★

(1) 통합과 분화

① 통합(integration): 지각, 기억, 표상, 정서, 생각, 행동 등과 같은 두 개 이상의 정신적 요소를 의미 있게 합치는 심리적 기제

② 분화(differentiation): 두 개 이상의 정신적 요소를 따로 떼어 놓는 심리적 기제

③ 자아기능으로서 통합과 분화는 상호 보완적 과정

(2) 분열, 이상화, 평가절하

① 분열(splitting): 자기와 주요 타인에 대한 서로 상충되는 경험을 따로 떼어 놓는 것
  - 분열이 지나치게 경직되어 통합에 실패할 경우, 대상이나 다양한 특성을 수용하지 못하고 '흑백논리'로 인식하기 때문에 심리적 부적응 원인이 됨
  - 자신의 분열된 나쁜 측면에 대한 자각은 갈등과 불안, 수치심, 혼란 등을 불러일으키는 원인이 되므로, 자신의 나쁜 측면을 수용하지 못하고 자신에게서 제거하려는 부적응적 시도를 꾀하게 됨
  - 분열과 관련성이 높은 심리적 기제: 이상화, 평가절하
② 이상화(idealization): 좋은 대상과 나쁜 자기가 하나의 대상관계 단위가 되는 것
③ 평가절하: 이상화의 반대. 나쁜 대상과 좋은 자기가 하나의 대상관계 단위를 형성하는 것

8) 투사적 동일시(projective identification) ★★

① 자신의 수용하기 힘든 내적 상태나 특성, 즉 나쁜 측면을 대상에 투사하고, 대상에게 투사된 자기의 측면을 통제하려는 시도. 즉, 대상이 투사된 자신의 나쁜 측면을 갖고 있는 것처럼 느끼거나 행동하도록 유도하는 무의식적인 심리적 기제
② 긍정적 투사적 동일시: 자신의 나쁜 측면만을 제거하려는 목적으로 하지 않을 경우
③ 부정적 투사적 동일시: 자신의 나쁜 측면을 제거하여 대상으로부터 이해받고 수용받고 싶은 무의식적 의도와는 달리 대상관계에서 부적응적 행동 유발, 분열 강화하는 결과 초래

3. 대상관계 발달에 대한 관점

1) Mahler의 발달 단계: 자폐단계, 공생단계, 분리-개별화 단계로 구분

(1) 자폐 단계(normal autistic phase)

① 출생~2개월

② 영아는 어머니와 완전한 융합 상태

③ 아직 어머니나 타인에 대해 무관심, 자폐적 상태

④ 환경과의 상호작용에서는 반사행동만 보임. 영아는 쾌락원리에 의해 움직임

(2) 공생단계(normal symbiotic phase)

① 생후 2~6개월

② 어머니에 대한 애착 통해 자기와 양육자를 하나로 지각

③ 어머니와의 공생이 충분하면 마치 자신의 욕구나 소원은 저절로 충족되는 듯한 전
  능감 경험

④ 공생관계는 영아의 미소를 통해 나타남. 어머니가 부분적으로만 분화되어 있을 때
  영아가 받아들인 어머니의 보듬어주는 패턴은 이후에 건설적이고 적응적인 관계
  유형을 형성하는 기반이 됨

⑤ "이만하면 좋은 양육(good enough mothering)": 영아가 자란 후의 단계에서 기
  본적으로 만족스러운 대상관계 형성, 자기 신뢰 및 자기존중감 발달에 바탕

2) 분리-개별화 단계(separation-individuation phase)

(1) 분화단계(differentiation) 또는 분화 단계(hatching)

① 생후 6~10개월

② 영아는 자신의 신체 자각, 자기와 어머니, 다른 사람을 구분하기 시작함

③ 어머니 신체 각 부분 탐색, 다른 사람이나 담요나 인형과 같은 중간 대상에게로 관
  심 확장, 유아가 어머니와 다가섰다가 거리를 두는 움직임(to-and-fro movement)
  을 통해 자아 내에서 자기와 대상 분화과정 진행, 분리와 개별화 시작됨

④ 낯선 사람 불안반응(stranger anxiety)을 보임

(2) 연습 단계

① 10~16개월

② 영아가 새로운 기술을 익히기 위해 자율적 자아기능 반복 실행을 즐기는 것으로

보이기 때문에 연습단계라고 부름

③ 영아의 운동기능 발달하여 어머니에게서 떨어져서 걸어 다닐 수 있게 되고 행동반경 넓어짐. 어머니는 영아의 자율적 세상 탐색을 즐겁게 받아들이고 지원. 이런 과정 통해 영아는 세상에 대한 기대감 갖게 됨

(3) 재접근 단계(화해 단계)

① 14~24개월

② 재접근 단계 시작 무렵 영아는 자신이 분리된 존재 인식

③ 어머니가 자신과 분리된 존재이며, 자신의 욕구를 항상 충족해 주는 존재 아님을 깨달음

④ 재접근 단계 끝날 무렵, 어머니나 대상과의 최적의 거리 발견. 주변 사람을 새로운 방식으로 받아들이며, 부모가 제시한 규칙 내면화할 수도 있음

⑤ 발달과제: 어머니에 대한 좋은 부분 대상과 나쁜 부분 대상을 전체 대상으로 통합하는 것

(4) 개별성 확립 및 대상항상성 형성 단계

① 24~36개월

② 유아는 자신에 대한 좋고 나쁜 자기표상 통합, 다양한 상황과 기분 상태에서 자신이 어떤 사람인지에 대해 안정적 인식을 하게 됨으로써 개별성 확립해 감

③ 어머니에 대한 좋고, 나쁜 대상 표상 통합으로 어머니에 대한 일관된 대상표상 만들어감

④ 언어능력 현저한 발달, 정서적 대상항상성(emotional object-constancy) 형성

⑤ 대상항상성의 형성과 함께 개별화 진행, 자기 항상성(self-constancy)도 형성됨

⑥ 유아가 자신에 대한 안정된 표상 형성. 자신과 타인에 대한 지각과 경험이 극단적이거나 부분적이지 않고, 부정적 감정 상황에서도 긍정적 정서를 기억하고 작동할 수 있게 함. 안정적 대상관계 형성하게 함

4. 사회복지실천에의 적용

1) 심리적 건강과 병리에 대한 관점

① 심리적 건강과 정신병리가 개인이 대상관계와 대상관계를 내면화하는 과정과 직접적으로 연결되어 있다고 봄

② 대상관계에서 정신병리: 현재의 대인관계 경험이 아니라 내담자의 내적 대상관계에 의해 영향을 받고 지배됨으로써 나타나는 부적응적 대상관계의 문제라 할 수 있음

③ 건강한 사람: 대상항상성을 확립, 대상에 대한 통합성 확립, 개별화, 자아기능이 확립된 사람이라고 봄

④ 병리적인 사람: 분열, 투사적 동일시 등의 심리적 기제 자주 또는 과도하게 사용, 애착과 개별화 사이의 불균형 존재, 변형적 내면화(transmuting internalization)에 실패한 사람

2) 치료 목표와 과정

(1) 대상관계치료의 목적

내담자의 역기능적 대상관계를 변화시키고 자아에 대한 통찰을 획득하여 온전하고 적응적인 대상관계를 형성하며, 자아기능은 강화하여 자신과 타인에 대해 현실적이고 수용적 태도를 갖게 하는 것

(2) 치료목표

① 초기 불안을 줄이고 내적 대상으로 인해 발생하는 고통을 줄이는 것

② 내담자의 자야 분열을 치료하고 인격 재통합을 돕는 것

③ 내담자의 약화된 자기를 강하게 만드는 것, 자기를 상실하지 않고 대상과의 관계를 만들 수 있도록 돕는 것

④ 현재의 치료적 관계에 초점을 둠

⑤ 치료자는 내담자가 치료를 통해 배운 새로운 대상관계 형성방법을 다른 대상관계로 확대하여 적용할 수 있도록 도와야 함

(3) 치료의 과정

대상관계치료의 과정은 내담자와의 치료적 관계 형성, 통찰, 직면과 해석, 종결이라는 4단계로 이루어짐

3) 치료기법

대상관계치료에서는 내담자의 내적 역동을 탐색하고 통찰하여 변화시키기 위하여 공감적 이해, 명료화, 해석과 직면, 현재 경험과 관계 다루기, 역전이의 이해와 치료적 활용 기법을 사용함

01) 대상관계이론의 인간관에 대한 설명 중 잘못된 것은 무엇인가? (10회 기출)

① 외부 대상과 관계를 맺으려는 선천적 욕구를 갖고 태어나는 사회적 존재

② 의미 있는 인간관계를 형성하고 확립하는 것이 최대의 과제

③ 타인과의 융합에서 벗어나서 자신의 독립적 삶을 추구하려는 존재

④ 생애 초기 자기와 타인에 대한 양식이 생기게 되면, 이후의 삶에서도 지속적으로
그 사람의 대인관계에 영향을 미치지 않음.

☞ 해설

생애 초기 자기와 타인에 대한 양식이 생기게 되면, 이후의 삶에서도 지속적으로 그
사람의 대인관계에 영향을 미침. 정답 ④

02) 대상관계이론의 치료기법 중 바르지 않은 것은 무엇인가? (11회 기출)

① 공감적 이해 기법: 내담자를 있는 그대로 이해하고 수용하는 것. 대상관계치료에
서는 공감적 이해라는 용어 대신, 담아내기, 안아주기 또는 버텨주기, 이만하면 좋
은 어머니 등의 용어를 사용함.

② 전이: 전이를 치료적 관계에서 환자의 행동에 대한 치료자의 반응이라고 봄.

③ 명료화: 치료자가 내담자에게 직접적 질문을 통해 더 많은 정보를 요구하는 기법

④ 직면: 내담자에 대한 관찰을 통해 치료자가 알게 된 내용을 내담자에게 말해 주고
그에 맞닥뜨리게 하는 기법

☞ 해설

대상관계이론에서는 역전이를 치료적 관계에서 환자의 행동에 대한 치료자의 반응이
라고 봄(Cashdan, 1988). 치료자가 역전이를 치료적으로 활용하려면, 치료자가 자신
의 역전이 반응을 의식적으로 자각하고 경험하고 통찰하여, 자신의 정서적 반응으로
내담자의 내적 역동과 연결할 수 있어야 함.

정답 ②

제15장
|
교류분석이론

1. 인간관과 가정

1) 인간관
① 자율적 존재
② 가변적 존재
③ 합리적 존재

2) 기본가정
(1) 가치체계
① 인간의 긍정성(Ok-ness)을 인정하는 가치체계에 기초를 둠
② 모든 인간은 사고, 감정, 행동이라는 세 가지 차원을 조화롭게 통합할 수 있음
③ 모든 인간은 자신의 생활, 감정, 행동 등에 대해 책임을 져야 하고, 책임질 수 있는 능력이 있음

(2) 치료자와 내담자의 능력을 동등하게 취급

(3) 내담자가 자신의 삶의 주도권이 있음

2. 주요개념

1) 자아상태(ego state)
(1) 자아상태의 세 가지 구조
① 사고, 감정, 그리고 이것과 관련된 일련의 행동유형을 통합한 하나의 체계
② 성격은 세 가지의 자아상태 즉, 부모, 성인, 아동으로 구성됨
  - 어린이 자아(Child ego: C)
  - 어버이 자아(Parent ego: P)
  - 어른 자아(Adult ego: A)

(2) 어린이 자아상태(아동 자아상태)
① 기능에 따른 어린이 자아
  - 자유로운 어린이(Free Child: FC)
  - 순응하는 어린이 자아(Adapted Child: AC)
② Freud의 정신역동이론의 이드(id)와 유사
③ 쾌락, 자유, 창의성의 근원이 됨
④ 어린 시절에 실제로 느꼈거나 행동했던 것과 똑같은 감정이나 행동을 나타내는 자
  아상태

(2) 어른 자아상태(성인 자아상태)
① Freud의 정신역동이론에서 자아(ego)와 가장 유사, 현실을 지향하는 성격의 부분
② 논리적이고 합리적. 내적욕구와 외적요구의 중재자. 사건에 대한 사고, 수집된 자
  료의 정보처리, 현실적인 행동방법 결정하는 정보처리자
③ 어른 자아는 감정에 지배되지 않는 냉정한 부분이지만, 정신적으로 성숙한 인간이
  라는 의미는 아님

162

(3) 어버이 자아상태(부모 자아상태)

① 기능에 따른 어버이 자아

    – 비판적 자아(Critical Parent: CP)

    – 양육적 어버이 자아(Nurturing Parent: NP)

② 정신역동 이론의 초자아(super-ego)와 유사

③ 외부세계, 특히 부모로부터 얻게 되는 태도나 행동 – '해야 한다(shoulds, oughts)'

2) 금지령과 대항금지령(injunction, counterinjunction) ★★

(1) 금지령(injunction)

① 부모의 내면에 있는 어린이 자아에서 자녀에게 내리는 부모의 메시지

    – 자녀가 무엇을 해야 하며, 무엇이 되어야 하는지를 말함

    – 대체적으로 부모의 실망, 좌절, 불행 등 고통을 표현, '하지 말라(don't)'의 내용

(2) 대항금지령(counterinjunction)

① 부모의 기대를 표현한 것

② 해야 한다(shoulds, oughts), 하라(do)의 형태를 취함

③ 문제점: 자녀들이 이러한 대항금지령에 따라 생활하기가 불가능함. 아무리 열심히 해도 불충분하고 이루기 어려움

3) 초기결정 및 재결정

① 교류분석이론에서는 자신의 행동을 지배하는 결정과 자신의 인생방향에 유익한 방향으로 새로운 결정을 할 수 있는 능력을 강조함

② 교류분석이론에서는 초기결정의 특성을 자각하고, 새로운 결정, 즉 재결정을 내리도록 함으로써 개인을 변화시키고자 함

4) 스트로크 ★★

① 자녀는 부모와 상호 작용하는 과정에서 스트로크(stroke)를 받고자 하는 욕구가 있음. 교류분석이론에서 스트로크는 인지의 형태로, 서로 간에 의사소통을 할 때 사

융합

② 긍정적 스트로크: "나는 너를 좋아한다."와 같이 말하는 것

③ 부정적 스트로크: "나는 너를 좋아하지 않는다."와 같이 말하는 것

④ 조건적 스트로크: "나는 네가 이러한 방식으로 행동하면, 너를 좋아할 것이다."와
같이 말하는 것

⑤ 무조건적 스트로크: "나는 네가 어떤 존재이든 기꺼이 너를 수용한다."고 말하는 것

5) 게임

① 심리사회적 수준에서 활발한 교류가 이루어질 때, 대개 게임이 생김

② 게임은 최소한 한 사람에게 나쁜 감정을 갖게 하고 끝내는 일련의 교류로서 친밀
감이 형성되는 것을 방해함

③ 게임의 구성요소

- 표면상 유쾌하게 보이는 상보적 교류(complementary transaction)

- 숨겨진 의도(hidden agenda)를 가지고 있는 이면적 교류(ulterior transaction)

- 게임의 결론을 내리고, 불쾌감 또는 부정적 평가를 수반하는 결말(negative payoff)

6) 라켓 감정

(1) 라켓과 라켓 감정 ★

① 라켓(racket): 초기결정을 확증하기 위하여 다른 사람을 조작하는 과정

- 라켓은 진실한 감정을 표현해도 받아들여지지 않았을 때 인정을 얻는 하나의 방법

② 라켓감정(racket feeling) :조작적이고 파괴적인 행동과 연관된 감정

- 라켓감정은 주로 게임 뒤에 맛보는 불쾌하고, 쓰라린 감정

- 게임과 마찬가지로 라켓도 초기결정을 지원하며, 개인의 인생각본의 기본이 됨

(2) 게임과 라켓, 각본을 분석하면 나쁜 감정을 인식할 수 있음

7) 인생태도와 인생각본

(1) 네 가지 인생태도 ★★★

① 자기부정–타인긍정(I'm not OK. – You're OK.)

- 자양분과 스토로크 제공하면 자녀는 건강한 자존감과 안녕감을 발전시킴

- 스트로크를 주지 않거나 일관성이 없으면 '괜찮지 않다'는 느낌 축적 → 성인기에 대인관계의 어려움 겪음

② 자기부정–타인부정(I'm not OK. – You're not OK.)

- 자신이 괜찮지 않다면 타인도 괜찮지 않다고 정의

- 아동기 때 부족했던 스트로크를 받기 위해 퇴행적으로 행동하면, 심한 정신적 혼란이 일어나거나 인생은 절망적이라는 생각이 우세하게 됨

③ 자기긍정–타인부정(I'm OK. – You're not OK.)

- 타인이 언제나 잘못하고 있다고 믿음. 자신에 대해서는 제대로 인식하지 못하는 사람처럼 보이며, 잘못을 다른 사람에게 투사하거나 양심이 없는 반사회적 성격으로 인해 범죄행동이 나올 수도 있음

④ 자기긍정–타인긍정(I'm OK. – You're OK.)

- 이는 감정이 아니라 사고, 반성, 행동을 토대로 하는 의식적이고 언어적인 결정

- 앞의 세 가지 태도의 기저에 깔린 아동기 때의 감정들을 표출함으로써, 그 태도를 지속시키는 행동을 검토하고, 변화하고자 하는 의식적 결정을 내림으로써 괜찮은 상태로 됨

(2) 인생각본 ★

① 인생태도와 관련된 개념으로 부모의 금지령 또는 대항금지령과 아동 자신이 내린 초기결정, 초기결정을 지속시키기 위한 게임, 결정을 정당화시키기 위해 사용하는 라켓 그리고 각본이 어떻게 전개도고, 어떻게 끝나야 하는지에 대한 인간 자신의 기대 등이 포함됨

② 교류분석 실천가들은 모두가 괜찮거나 괜찮아질 수 있으므로, 부정적 각본을 긍정적인 것으로 바꿀 수 있다고 믿음

3. 성격발달에 대한 관점

1) 부모의 양육태도
개인의 성격발달 및 인생태도는 부모의 자녀양육태도와 행동에 의해 크게 영향을 받음

2) 부모의 양육기술
자아의 성격발달과 이후의 인생은 부모의 프로그래밍(programing)과 그에 대한 개인의 반응으로 이루어지는 초기결정의 산물

4. 사회복지실천에의 적용

1) 심리적 건강과 증상에 대한 관점
① 심리적으로 건강한 사람(적응적 개인)
② 부적응적 개인

2) 치료 목표와 과정
(1) 치료목표
① 내담자가 그의 현재 행동과 삶의 방향에 대한 새로운 결정을 내리는 것을 원조하는 것
② 내담자는 그가 초기 결정을 따름으로써 자신의 자유를 어떻게 제한하였는지를 자각하고, 새로운 삶의 방식을 선택하는 것을 배우며, 조작적 게임과 자기기만적인 인생각본이 특징인 인생 유형을 자각하고, 자발성과 친밀성이 특징인 인생 유형으로 대치함

(2) 과정
① 치료자와 내담자는 동반자의 위치에서 계약
② 내담자가 제안하는 계약의 구조에 자신의 전문지식을 투입

3) 치료기법

① 전통적인 교류분석이론의 치료기법은 구조분석, 교류분석, 게임분석, 인생각본 분석이 있음. 이후 형태치료, 행동수정, 가족치료 등의 기법들이 혼합되어 활용되고 있을 뿐 아니라 참만남집단(encounter group), 자기주장 훈련집단, 형태치료집단 등에서도 교류분석이론의 주요개념들과 치료적 절차들이 폭넓게 활용되고 있음

② 현대 교류분석치료에서는 형태치료, 심리극, 가족치료 등의 기법을 많이 활용함. 특히 빈의자기법(empty chair), 역할연기(role playing), 가족모델링(family modeling)기법을 적극적으로 활용함

01) 교류분석의 성격발달에 대한 관점 중 잘못 된 것은 무엇인가?

① 교류분석에서는 개인의 성격발달은 부모의 자녀양육태도와 행동에 의해 크게 영향을 받는다고 봄.

② 어린이 자아는 생래적 요인과 출생후 5세경까지의 부모와 관련된 외적 사건에 대한 감정적 반응양식에 의해 주로 형성된다고 봄.

③ 어른 자아는 언어능력이 향상됨에 따라 발달하기 시작하는 생후 10개월경에서부터 시작하여 12세경이면 정상적으로 기능이 가능하다고 봄.

④ 자아의 성격발달과 이후의 인생은 부모의 프로그래밍(programing)과 그에 대한 개인의 반응으로 이루어지는 청소년기결정의 산물이라고 할 수 있음.

☞ 해설

만약 자녀의 자아발견과 자기표현을 격려하는 등 양육적 어버이 자아상태에서 기능하는 건강한 부모는 자녀의 자발성과 자율성을 적절히 조장하게 되고, 그 결과로 자녀 속의 양육적 어버이 자아상태가 개발될 수 있는 길을 열어줌. 자기긍정–타인긍정, 게임이 없는 생활각본.

그러나 초기 아동기에 부모로부터 조건적 애무나 부정적 애무, 애무에 대한 욕구의 무시, 강한 금지령, 만성적 게임과 라켓감정을 경험하게 되면, 부정적 인생태도가 형성되어 건전한 자아상태의 발달을 기대하기 어렵게 됨.

정답 ④

02) 다음은 무엇에 대한 설명인가?

> • 사람이 자신의 인생 초기에 만드는 인생의 계획, 또는 실존상의 '지도'
> • 부모의 금지령 또는 대항금지령과 아동 자신이 내린 초기결정

① 재결정   ② 스트로크   ③ 게임   ④ 인생각본

☞ 해설

인생각본은 인생태도와 관련된 개념으로 부모의 금지령 또는 대항금지령과 아동 자신이 내린 초기결정, 초기결정을 지속시키기 위한 게임, 결정을 정당화시키기 위해 사용하는 라켓 그리고 각본이 어떻게 전개도고, 어떻게 끝나야 하는지에 대한 인간 자신의 기대 등이 포함됨.

정답 ④

제16장
|
인본주의이론

1. 인본주의 이론의 인간관과 주요 개념

구분	인간중심 치료	욕구이론	게슈탈트	실존주의
대표학자	로저스	매슬로	펄스	얄롬
인간관	인간의 잠재력에 대한 깊은 신뢰, 경험을 통해 자신의 가치를 형성해 감	인간은 삶에 의미와 만족을 주는 일련의 욕구에 의해 동기화 됨	인간은 매 순간 경험하는 유기체로서 환경적 장에서 생활함	인간은 제한된 존재로서 세상에 던져진 존재이며, 스스로 자신을 끊임없이 창조함
주요개념	자아, 자아실현, 훌륭한 삶	욕구위계이론, 결핍 동기와 성장동기	지금–여기, 자각과 책임감, 미해결 과제와 회피	죽음과 불안, 자유와 비존재

2. 로저스의 인간중심치료

1) 인간간과 가정

(1) 인간관

① 성장해나가는 미래지향적 존재

② 자아실현 경향

③ 자유로운 존재

④ 통합적 존재

(2) 기본가정

① 주관적 경험론

- 모든 인간에게 객관적 현실세계란 존재하지 않으며 주관적 현실세계만이 존재

- 모든 인간은 자신의 사적 경험체게 또는 내적 준거체계(internal frame of reference)와 일치하는 방향으로 객관적 현실 재구성, 주관적 현실에 근거하여 행동

② 인간행동의 미래지향성

- 인간의 자아실현경향성, 즉 미래지향성은 인간행동의 가장 기본적인 동기

2) 주요개념

(1) 현상적 장(phenomenal field) ★

① 경험적 세계(experiential world) 또는 주관적 경험(experiential world)이라고 불리는 개념으로 특정 순간에 개인이 지각하고 경험하는 모든 것을 의미

② 인간은 자극에 단순히 반응하는 존재가 아니라 전체적으로 조직화된 체계(total organized whole), 현상학적 장(현실에 대한 지각도표)에 따라 행동하고 생활할 때, 모든 개인은 조직화된 전체로서 반응함

(2) 자기(self)와 자기개념(self-concept)

① 로저스(1959)는 자기와 자기개념 혼용

- 개인의 현상학적 장이 분화된 부분

- 'I' 나 'me' 에 대한 의식적 지각과 가치를 포함하는 것

- 자기 자신에 대한 자기이미지(self image)

② 로저스의 현실적 자기, 이상적 자기 ★

- 현실적 자기(real self): 현재 자신의 모습에 대한 인식

– 이상적 자기(ideal self): 앞으로 자신이 어떤 존재가 되어야 하며, 어떤 존재가 되기를 원하고 있는지에 대한 인식

(3) 자아와 자아실현경향

① 자아(self) 또는 자아실현의 개념은 로저스 심리학에 있어서 매우 중요함

② 자아

– 자아는 현재 자신이 어떤 인간인가에 대한 개념

– '나는 무엇인가?', '무엇이 될 수 있는가?' 등의 지각을 포함, 세상에 대한 지각과 개인의 행동의 근거가 됨

③ 자아실현경향 ★★

– 선천적으로 자신을 유지시키거나 향상시키기 위하여 자신의 능력을 개발하는 경향

– 자아실현은 더욱 능력 있는 사람이 되는 과정

– 인간에게는 많은 욕구와 동기가 있지만 가장 기본적 욕구는 자기를 유지하고, 증진시키며 실현하려는 욕구로, 자기유지(self-maintenance), 자기향상(self-enhancement), 자아실현(self-actualization)이 모두 포함되는 인간의 기본욕구

3) 성격발달에 대한 관점 ★★★

① 현상적 자기

② 미분화된 현상적 장

③ 분화지향

④ 가치평가기준

⑤ 외부세계 평가

⑥ 긍정적 지향의 경향

⑦ 주관적 경험과 행동

⑧ 긍정적 관심에 대한 욕구

⑨ 무조건적인 긍정적 관심(unconditional positive regard)

⑩ 완전히 기능하는 사람(훌륭한 삶의 성격)

– 완전히 기능하는 사람의 다섯 가지 중요한 성격 ★★
  • 완전히 기능하는 사람은 경험에 대하여 개방적
  • 완전히 기능하는 사람은 실존적인 삶을 사는 사람
  • 완전히 기능하는 사람은 유기체적인 신뢰가 있음
  • 완전히 기능하는 사람은 경험적 자유를 지니고 있음
  • 완전히 기능하는 사람은 창조성을 가지고 있음

4) 사회복지실천에의 적용

(1) 심리적 건강과 증상에 대한 관점
① 모든 내담자는 정확한 자기인식(self-awareness)을 얻으려는 동일한 욕구를 가지고 치료 받으러 옴. '나는 누구인가?' 등의 의문 제기
② 부적응적 개인
③ 적응적 개인
④ 완전히 기능하는 인간

(2) 치료 목표와 과정
① 치료 목표
  – 개인의 독립성과 통합성 달성에 치료목표를 둠
  – 내담자가 현상적 장 이해함으로써 내적 및 환경 내에서 긍정적 행동 변화
② 촉진적 치료관계(원조관계)
  – 인간중심적 접근방법을 활용하는 치료자는 원조관계에서 일어나는 현재의 경험 중시, 그러나 중요한 것은 현재의 문제가 아니라 내담자의 대처능력 향상케 하는 성장과정

(3) 치료적 성격변화를 위한 필요충분조건 ★★
① 일치성 또는 진실성
② 무조건적인 긍정적 관심과 수용
③ 감정이입적 이해와 경청

(4) 치료자의 역할

① 인간중심적 접근방법에서 치료자가 수행해야 할 역할은 '역할이 없는 상태가 되는
  것'(Corey, 2000)
② 치료자의 역할 중 가장 중요한 요소는 태도
  – 치료자는 내담자의 경험과 감정에 대해 많은 관심을 보여야 하며, 내담자를 일관
  성 있게 대하고 존중함으로써 내담자의 성장과 자아실현을 증진시킬 수 있음

(5) 치료기법

① 기법사용을 최대한 억제: 치료자의 인간성, 신념, 태도 그리고 치료적 관계가 치료
  의 성패를 좌우
② 수용, 존경, 이해를 표현하고 전달하며, 생각하고 느끼고 탐색함에 의해 내담자가
  내적 준거틀을 발전시키도록 원조하는 것

3. Maslow의 욕구위계이론

1) 기본가정

① 인간의 본성은 원래 선함
② 인간은 자유롭게 자율적이며, 인간행동은 내면으로부터 나오지만 무의식적 동기
  의 산물이 아님
③ 동물에 관한 연구는 복합적인 인간경험의 본질을 설명하지 못함
④ 인간행동을 연구하고 이해하기 위해서는 인간의 병리적인 측면보다는 건강한 사
  람의 행동과 지각에 대해서 탐구해야 함
⑤ 사람은 능력 있는 존재이며 기본적인 욕구들이 충족되면 인간성을 성취하고 결국
  은 자아실현자가 됨

2) 주요개념
(1) 잠재적 창조성

① 인간의 가장 보편적인 특질은 창조성. 모든 사람은 태어날 때 창조성을 잠재적으로 가지고 있으나 문명화되면서 창조성 상실

② 인간이 온화한 환경에서 성장할 때 자신의 본성을 실현시키기 위한 능동적인 노력을 함으로써 창조성 발달

③ 창조성이란 누구에게나 잠재해 있는 것이기 때문에 특별한 자질이나 능력을 요구하지 않음

(2) 형성되어 가는 것 ★★

① 인간은 결코 정적이지 않고 항상 무엇인가 다른 존재가 되려고 하는 과정 중에 있음

② 자기 잠재력을 가능한 한 많이 인식하는 것이 자유로운 인간으로서 개인이 지는 책임

③ 형성되어 가는 과정이 자아실현과정

(3) 욕구 ★★★

> • 기본 욕구: 결핍욕구. 음식과 물, 온도, 사랑과 애정, 안전, 자아존중 등에 대한 욕구
> • 메타 욕구: 성장 욕구 또는 자아실현 욕구. 정의, 선, 미, 질서, 조화, 잠재능력과 재능을 발휘하려는 욕구

① 인간은 자아실현을 위하여 노력하는 존재로서, 태어날 때부터 두 가지 경향성, 즉 생존적 경향(survival tendency)과 실현적 경향(actualizing tendency)을 갖고 있다고 보았음
  - 생존적 경향: 기본적 욕구 혹은 박탈동기(deprivation motivation). 생리적 욕구, 안전욕구, 소속과 사랑의 욕구, 자존감의 욕구
  - 실현적 경향: 성장 욕구(meta need), 즉 자신의 잠재능력, 기능, 재능을 발휘하려는 욕구로서 생존적 경향이 충족되었을 때 나타남

② 인간의 욕구는 그 중요성과 강도에 따라 위계적으로 배열. 개인에 따라 차이가 있

고 특정 시기에 강하게 나타나는 욕구가 있긴 하지만 모든 욕구가 동시에 존재한 다고 봄

(4) 매슬로우의 욕구 5단계 ★★

① 생리적 욕구(physiological needs)

② 안전의 욕구(safety need)

③ 소속과 애정에 대한 욕구(need for belonging and love)

④ 자존감의 욕구(self-esteem need)

⑤ 자아실현의 욕구(self-0actualization need)

01) 로저스(C. Rogers)의 현상학 이론에서 '완전히 기능하는 사람'의 성격 특성을 모두 고른 것은? (14회 기출)

㉠ 창조성	㉡ 경험에 대한 개방성
㉢ 실존적인 삶	㉣ 선택과 행동의 자유의식

① ㉠, ㉡, ㉢　　　　② ㉠, ㉢　　　　③ ㉡, ㉣
④ ㉣　　　　⑤ ㉠, ㉡, ㉢, ㉣

☞ 해설
완전히 기능하는 사람(훌륭한 삶의 성격)의 다섯 가지 중요한 성격은 경험에 대하여 개방적인 사람, 실존적인 삶을 사는 사람, 유기체적인 신뢰가 있는 사람, 경험적 자유를 지니고 있는 사람, 창조성을 가진 사람임.

정답 ⑤

02) 다음 중 갈 로저스의 현상학적 이론의 특징에 대한 설명으로 옳지 않은 것은? (7회 기출)

① 창조성이 인간의 잠재적 본성이다.
② 인간의 사고과정은 합리적이다.
③ 클라이언트의 자기결정권을 존중한다.
④ 미리 정해진 성격발달 패턴은 없으며, 삶의 경험에 따라 각 개인의 성격은 달라진다.
⑤ 클라이언트의 사회적 권리와 책임을 강조한다.

☞ 해설
⑤ 로저스는 클라이언트의 사회적 책임을 강조함.

정답 ⑤

제17장
|
행동주의이론

1. 인간관과 가정

1) 인간관

(1) 행동주의 학자들의 인간관

Skinner를 비롯한 전통적 행동주의자의 관점과 Bandura를 비롯한 사회학습이론가
와 인지적 행동주의자 사이에 많이 차이점이 있음

(2) 학자들의 인간관에 대한 차이

① 인간행동의 결정요인에 대한 시각의 차이

- Skinner(1971): 자율적 인간이란 존재할 수 없다고 주장, 인간의 자기결정과 자
  유의 가능성을 완전히 배제. 환경적 요인에 의해 인간의 본성이 결정된다는 기계
  론적 환경결정론의 입장을 강하게 취함
- Bandura(1963): 인간은 단지 사회문화적 조건의 산물은 아니며 그 자신의 환경
  을 산출해 내는 주체자. 인간 행동은 인지 특성, 행동, 환경이 상호 작용한 결과
  라고 보는 상호결정론(reciprocal determinism)에 입각하여 인간의 본성을 설명

② 인간이 어느 정도 합리적 존재에 대한 관점의 차이
　- Skinner(1971): 인간의 내면세계, 즉 성격, 심리상태, 느낌, 목적, 의도 등은 연구할 필요 없다고 하여 인간본성이 합리적인지, 비합리적인지에 대한 논의 자체를 거부했음
　- Bandura(1963): 인간은 자신의 인지능력을 활용하여 사려 깊고 창조적인 사고를 함으로써 합리적 행동을 계획할 수 있는 능력이 있다고 봄
③ 인간본성의 주관성 또는 객관성에 대한 관점의 차이
　- Skinner: 인간행동을 객관적인 자극-반응의 관계에서만 설명할 수 있다고 보고 인간본성에 대해 객관적 관점을 갖고 있음
　- Bandura: 환경으로부터의 객관적 자극에 반응할 때 인간 내면의 주관적인 인지적 요소가 관여한다고 보고 있기 때문에, 인간에 대한 주관적 관점과 객관적 관점을 동시에 지니고 있음

(3) 학자들의 인간관에 대한 공통점
① Skinner와 Bandura 모두 인간의 행동을 불러 일으키는 요인은 환경적 자극이라는 점에 동의함
② Skinner와 Bandura 모두 인간본성이 가변적 속성을 지니고 있다는 점에 동의함
　- Skinner는 강화속성을 바꿈으로써 인간행동은 얼마든지 가능하다고 봄
　- Bandura는 자기강화와 환경적 자극과 강화의 변화를 통하여 인간행동의 변화가 가능하다고 봄
　- Skinner와 Bandura 모두 관찰 가능한 행동에 초점을 두고 있기 때문에 과학적 연구를 통하여 인간본성을 설명할 수 있다고 봄

2) 가정
모든 행동주의이론에 동일하게 적용되는 기본 가정을 제시하는 것을 쉽지 않음
① Skinner: 인간의 행동은 환경적 자극에 의해 동기화되며, 행동에 따르는 강화에 의해 전적으로 결정된다는 환경결정론
② Bandura: 인간행동은 외적 환경의 자극과 인간 내적 사건이 상호 작용하여 결정

된다는 상호결정론

2. 초기 행동주의 이론

1) 파블로프의 이론 ★★
(1) 주요개념
① 고전적 조건화

② 일반화(generalization)

③ 별별자극(변별화, discriminative stimulus)

④ 학습 소거(extinction)

⑤ 자연적 회복(spontaneous recovery)

2) 왓슨의 이론
(1) 정의
행동주의란 인간행동을 예견하고 통제하는 것에 목적을 둔 자연과학이라고 정의. 행동이란 적절한 자극을 선택함으로써 형성될 수 있다고 강조함

(2) 흰 쥐 실험
① 처음에는 흰 쥐를 무서워하지 않던 11개월 된 소년에게 자극을 조건화하여 흰 쥐에 대한 공포반응을 만들어 냄

② 자극에 대한 반응이 반복적으로 연관 지어지면 이것은 습관이 되고 조건화된 자극-반응(S-R)의 관계를 이룸

(3) 결과
왓슨은 정신병리란 본능이나 해결되지 않은 오이디푸스적인 내적 갈등이라기보다는 조건화된 학습의 결과라고 생각하였음

3) 손다이크의 이론

① 왓슨과 같이 관찰 가능한 행동 그 이상의 의식을 강조하는 것을 피하고 인간의 내
부 활동은 행동을 통해서만 식별할 수 있다고 하면서도, 왓슨과는 달리 인간의 내
적인 반응과의 관련성에 관심을 가짐

② '효과의 법칙(Law of Effect)' : 어떤 결과는 만족감을 주는 반면에 어떤 결과는 만
족감을 주지 못하기 때문에 학습이 약해지거나 강화된다는 것. 사회학습 이론의
발달에 중요한 기초가 됨

3. 스키너의 이론

1) 스키너의 인간행동에 대한 기본 가정

① 인간의 행동은 환경적 자극에 의하여 동기화되고, 그것에 따르는 강화에 의하여
행동의 빈도와 강도 결정

② 인간은 자신의 행동을 통제할 수 있는 힘이 없음

③ 외적 강화가 없이는 어떠한 행동의 학습이나 수정이 없음

- 인간은 어떻게 행동하도록 강화되었느냐에 따라서 행동하며, 인간행동의 차이
는 강화 역사의 차이임

2) 주요개념

(1) 반응적 행동과 조작적 행동 ★

① 스키너는 인간의 모든 행동은 두 가지 범주로 나눌 수 있다고 봄

- 반응적 행동(respondent behaviors)
- 조작적 행동(operant behaviors)

(2) 강화와 강화인 ★★

① 강화(reinforcement): 조작적 조건형성을 통해 어떤 행동이 다시 발생하도록 유도
하는 과정

- 정적 강화(positive reinforcement)

- 부적 강화(negative reinforcement) :

② 강화인(reinforcer): 어떤 행동이 다시 발생할 가능성을 증가시키는 자극

③ 강화와 벌의 관련성

- 유쾌한 자극 제시 - 정적강화

- 유쾌한 자극 철회 - 벌

- 혐오적 자극 제시 - 벌

- 혐오적 자극 철회 - 부적강화

(3) 벌과 소거 ★★

① 벌의 두 가지 종류

- 혐오적 자극을 제시하는 것

- 유쾌한 자극을 철회하는 것

② 벌보다는 행동의 빈도를 줄이는 소거(소멸) 사용이 바람직

- 소거(소멸, extinction): 행동을 증대시키려는 강화와 달리, 행동 빈도를 감소시
키거나 전적으로 중지시키려는 과정. 어떤 자극이 있은 후에도 특정 행동이 일어
나지 않는 것

(4) 강화계획(reinforcement schedule)

① 행동증가를 목적으로 사용하는 강화물을 제시하는 빈도와 관련된 계획

② 강화간격과 강화비율이라는 두 가지 기준에 따라 구분

③ 연속적 강화계획(지속적 강화, continuous reinforcement)

④ 간헐적 강화 계획은 네 가지 종류로 구분됨

- 고정간격 스케줄, 변수간격 스케줄, 고정비율 스케줄, 변수비율 스케줄

(5) 이차적 강화

일차적 강화물과 계속 짝지어진 중립적 자극은 그 자체가 강화물이 되는데 이것이 이
차적 강화물(secondary reinforcement)임. 예, 일차적 강화물이 음식과 함께 보여주

는 어머니의 미소, 칭찬 등

(6) 변별강화
두 개의 반응 중에서 강화를 주는 반응은 증가되고, 강화를 주지 않는 반응은 감소하는 것. 예, 사회적응적인 반응에는 강화를 주고, 문제성이 있는 반응에 대해서는 강화를 주지 않는다면 그 결과로 사회적응적인 반응은 증가되고, 문제성이 있는 반응은 감소

(7) 행동조성(shaping)
복잡한 행동이나 복합적인 기술을 학습시키기 위해서 사용하는 방법, 바람직한 행동을 학습할 수 있도록 기대에 부응하는 행동을 강화함으로써 행동을 점진적으로 만들어 가는 것

(8) 일반화(generalization)
① 특정 자극상황에서 강화된 행동이 처음의 자극과 비슷한 다른 자극을 받았을 때 다시 발생하게 되는 것을 의미
② 자극일반화와 반응일반화로 구분

4. 반두라의 사회학습이론

1) 반두라의 인간행동에 대한 기본 가정
고전적 조건형성이론과 조작적 조건형성이론에서 기존의 행동주의자들이 사고과정의 역할, 태도, 가치 등 중재 개념에 대한 언급을 배제한 데 반해, 반두라의 사회학습이론은 상호적이며 중다양식적임

2) 주요개념
(1) 모방(imitation), 모델링(modeling)

① 인간의 반응은 직접적 강화를 받지 않더라도 타인의 행동을 관찰함으로써 변화할
  수 있다는 것
② '보보 인형 연구(bobo doll experiment)'

(2) 관찰학습(observational learning, 모방학습, 사회학습, 대리학습, 모델링, 대리적
  조건화의 의한 학습)

> **관찰학습의 4단계**
> – 주의집중단계(주의, attention)
> – 기억단계(파지단계, memory)
> – 운동재생단계(motoric reproduction)
> – 동기화단계(동기유발, motivation)

(3) 상호결정론(reciprocal determinism)
① 인간의 성격이 개인적 · 행동적 · 환경적 요소 간의 지속적인 상호작용에 의하여
  발달한다는 주장
② 환경이 아동의 성격과 행동을 조성한다는 스키너의 연구와 달리, 반두라는 개인,
  행동, 환경 간 관계가 양방향적이라고 주장

(4) 자아강화(self reinforcement)와 자기효능감(self-efficacy)
① 자아강화: 개인의 행동은 자아강화와 외적 영향 요인에 의해 결정
② 자기효능감: 자신의 내적 행동평가기준과 자아강화기제에 의하여 자아효능감이 형성

5. 행동발달에 대한 관점

1) Skinner
성격이란 각 개인이 지니고 있는 행동유형들의 집합 더 나나가 한 개인의 행동과 그

에 따르는 강화 사이의 관계 유형. 인간의 행동발달을 단계별로 구분하여 그 특성을 논의하는 것은 의미가 없다고 봄. 각 개인들 차이점을 이해하는 데 더욱 강조점을 둠

2) Bandura
생활주기와 관련된 다양한 현상에 관심을 기울임. 행동의 선행요인과 행동에 따르는 강화와 벌의 효과성은 각 개인의 목표, 계획, 자아효능감 등에 따라 차이가 있기 때문에, 생활주기에 따른 단계별로 행동발달의 공통적 특성을 설명한다는 것은 무의미하다고 봄

6. 사회복지실천에 대한 적용

1) 적응행동과 부적응 행동에 대한 관점
(1) 부적응적 행동
① 행동결여
② 행동과다
③ 환경적 자극의 부적절한 통제
④ 자극에 대한 부적절한 규제
⑤ 부적절한 강화유관(reinforcement contingencies)

(2) Bandura 자아강화와 자아효능감을 중시
Bandura는 부적응적 행동이 강화와 벌의 역사에 기원을 두고 있다는 전통적 행동주의자들의 관점을 인정하지만 인지적 요인, 특히 자아강화와 자아효능감을 중시함

2) 치료목표
① 전통적 행동주의이론
② 행동치료 또는 행동수정
③ 과학적인 행동사정에 근거하여 내담자에 따라 각기 다른 치료목표를 설정: 포괄적

치료목표를 배격하고 내담자의 특성에 맞는 구체적이고 명료한 행동적 목표 설정

3) 치료자의 역할과 실무원칙

① 행동치료 또는 행동수정은 치료자는 치료과정에서 능동적이고 지시적인 역할 수행
② 행동치료자는 전형적으로 부적응적 행동을 진단하고 그 행동의 개선을 도모하는
   치료적 절차를 처방하는 교사, 무대감독, 전문가, 행동모델로서의 역할 수행

4) 치료적 기법

① 이완훈련(relaxation training)
② 체계적 둔감화(systemic desensitization)
③ 토큰경제(token economy)
④ 격리(time out) 기법
⑤ 과잉교정(overcorrection) 기법
⑥ 반응대가(response cost) 기법
⑦ 혐오기법(aversive techniques)
⑧ 인지적 재구조화(cognitive restructuring) 기법
⑨ 인지적 자기지시(cognitive self-instruction) 기법
⑩ 인지적 심상기법(cognitive imagery techniques)(내파기법, 홍수기법, 합리적 심
   상기법)
⑪ 자기주장훈련(self-assertive training)
⑫ Lazarus(1981)의 절충적 행동주의 모델

01) 파블로프(I. Pavlov)의 실험에서 음식을 벨소리와 연합하여 여러 번 제시하자 개
는 음식 없이 벨소리만 듣고도 타액을 분비하였다. 고전적 조건화와 실험의 연결
이 옳은 것을 모두 고른 것은?   (10회 기출)

ㄱ 무조건 자극 – 음식 제시

ㄴ 무조건 반응 – 음식 제시 후 타액 분비

ㄷ 조건 자극 – 벨소리

ㄹ 조건 반응 – 벨소리만으로도 타액 분비

---

① ㄱ, ㄴ, ㄷ   ② ㄱ, ㄷ   ③ ㄴ, ㄹ

④ ㄹ   ⑤ ㄱ, ㄴ, ㄷ, ㄹ

☞ 해설

개의 입에 고기조각(무조건 자극)을 넣으면 침(무조건 반응)을 분비하게 됨. 고기를
주기 전에 매회 종을 올리면, 후에 종소리(조건적 자극)만 듣고도 침을 흘림(조건화된
반응). 종소리는 원래 타액분비와는 관계가 없는 중성자극이기 때문에 종소리만으로
는 개가 침을 흘리지 않으나, 중성자극을 1차적인 유발자극과 연결시켜 개에게 투입
함으로써 중성자극에도 타액을 분비하는 반응이 유발됨. 중성자극에 반응유발능력을
가지게 하여 조건자극으로 변화시키는 과정이 고전적 조건화임.

정답 ⑤

02) 숙제하지 않는 행위를 감소시키기 위해, 숙제를 하지 않는 학생의 핸드폰을 압수
하는 방법으로 행동을 수정하려고 한다. 이에 해당하는 기법은?   (9회 기출)
① 부적 강화   ② 부적 처벌   ③ 대리학습
④ 행동조성   ⑤ 모델링

☞ 해설
반응 혹은 행동(숙제를 하지 않는 행위)을 감소 시키는 것은 처벌로서, 과정상 기쁨
이나 만족을 주는 것을 제거(핸드폰을 압수하는 방업)하는 것이므로 부적 처벌에 해
당함.

정답 ②

제18장
인지이론

1. 인간간과 가정

1) 인간관
① 인간은 매우 주관적인 존재
② 가변적 존재
③ 능동적 존재
④ 미래지향적 존재
⑤ 합리적 존재 또는 비합리적 존재

2) 기본가정
① 낙관적, 비결정론적 관점
② 인지중재역할
③ 인지, 감정, 행동의 역동성
④ 상호결정론

2. 주요개념

1) 인지의 개념과 영역
(1) 인지(cognition) ★★
일정한 자극과 정보를 조직화하여 지식을 얻는 심리적 과정

(2) 최근 인지에 대한 개념
① 고등 정신 기능 전체
② 모든 정신과정

(3) 인지와 정서
① 인지(cognition): 의미 있는 사고(meaning thinking)
② 정서(emotion): 의미 있는 감정(meaning feeling)
③ 인지와 정서는 복잡한 연관성 지니며, 명확히 구분되지 않음

(5) 합리성 또는 비합리성

(6) 사고와 지식

(7) 자동적 사고(automatic thought) ★★

2) 인지과정(cognitive process)
(1) 인지과정
개인이 활용 가능한 정보를 지각하고, 조직화하고, 평가하는 정신과정

(2) 인지 세부 과정
① 기억의 과정
② 인지 실행과정(executive process)
③ 추론과 유목화와 같은 과정

(3) 인지 기능에 대한 정보처리 모델

인지체계를 상호 작용하는 부분들의 복잡한 구성으로 보는 체계이론의 기본 개념 활용

3) 인지구조

(1) 도식, 개념 및 명제 ★★★

인지의 기본 단위: 도식(schema), 개념(concept), 명제(proposition)

- 도식: 사건이나 자극의 특징에 대한 추상적 표상. 사건이나 자극을 인식하고 그 것에 대응하는 데 사용되는 기본적인 이해의 틀
- 개념: 다양한 경험에서 나온 정보가 공유하고 있는 특성을 통합하여 계층 또는 범주로 조직화하는 것, 머릿속의 관념적 구성물. 지적, 상징적 의미의 집합체
- 명제: 두 가지 이상의 개념 사이의 관련성을 토대로 규칙, 신념, 가설을 설정한 것

(2) 구성

① 개인이 자신의 개인적 경험세계를 해석하고 이해하는 사고의 범주, 개인이 현실의 어떤 특징을 유사성이나 대비성과 같은 견지에서 이해하는 지속적인 방법 의미
② 인지의 행동 전환 과정: 신중-선취-통제(circumspection-preemption-control: C-P-C) 과정

(3) 귀인(歸因, attribution) ★★

① 개념: 수행에 영향을 미치는 행동의 원인에 대한 추론과 신념
② 귀인의 영역
  - 통제의 중심(locus of control)
  - 오귀인(misattribution)
  - 자기귀인(self-attribution)

(4) 인지기능

① 개념: 유전적으로 물려받은 인간의 기본 경향
② 주요인지기능: 적응, 구조화, 평형화가 있음

– 적응(adaptation): 개인과 환경 사이의 상호작용을 설명하는 과정. 적응은 동화
와 조절이라는 과정을 통해 이루어짐

- 동화(assimilation): 개인이 이미 갖고 있는 도식을 이용해서 새로운 자극이나
정보를 그 도식에 맞게 이해하는 사고과정
- 조절(accommodation, 순응) : 외부의 자극이나 정보에 맞게 자신이 현재 가
지고 있는 도식을 변화시키는 과정.
- 동화와 조절은 상호 보완적 관계

– 조직화(구조화, organization): 개인이 자신이 갖고 있는 여러 가지 도식을 하나
의 통합된 체계로 만드는 기능–인지 조직화
– 평형화(equilibration): 동화와 조절이 균형을 이루어 어느 한쪽도 지배적이 아
닌 상태를 만들려는 인지 기능

(5) 자기개념과 자기효능감
① 자기개념(self-concept): 인지 기능을 이해하는 데 필수적인 인지구조 간의 역동적
인 상호작용, 상호 관련성, 유형화를 보여줌
② 자기효능감(self-efficacy): 자기 평가에 근거한 신념체계. 특정한 목적을 성취하는
데 필요한 행동노선을 조직화하고 실행에 옮기는 능력에 대한 개인적 판단
③ 동적 자기개념(working self-concept): 전체 자기개념의 레퍼토리 중에서 특정한
상황에서 작동하는 자기개념의 측면

3. 인지 발달에 대한 관점

1) 개념
① Piaget의 인지발달이론에서는 아동이 세상에 대한 자기 자신의 이성적 견해를 적
극적으로 구성한다는 점을 강조함

② 인지발달이론에서 인지성장이란 동화와 조절이라는 기제를 활용하여 새로운 상황이나 환경에 적응하는 능력이 강화된다는 의미

2) Piaget의 인지발달 4단계

(1) 감각운동단계(sensory motor stage) ★★

① 출생~2세경

② 대상영속성(object permanence), 인과론, 의도성의 획득이 포함됨

③ 표상적 지능이 특징적으로 나타남

④ 감각운동 단계의 세부 단계별 특징 ★★★

세부단계	연령	인지발달
반사기	출생~1개월	• 빨기반사, 파악반사, 미소반사 등 타고난 반사행동을 통하여 환경과 접촉하고 적응적 방향으로 수정됨
1차 순환반응기	1~4개월	• 우연히 어떤 행동을 하여 흥미 있는 결과를 얻었을 때 이러한 행동을 반복함(예, 손가락 빨기) • 점차 대상의 특성을 발견하고 그 물체의 요구에 따라 반응을 수정해 가는데, 이를 위해서는 감각체계 간의 협응이 이루어져야 함
2차 순환반응기	4~8개월	• 활동 자체의 흥미에서 벗어나 환경 변화에 흥미를 가지고 활동을 반복(예, 딸랑이 흔들기) • 자신의 행동과 예상되는 결과를 예측하며, 자신의 욕구충족을 위하여 의도적으로 행동함
2차 순환반응협응기	8~12개월	• 친숙한 행동이나 수단을 통해 새로운 결과를 얻으려고 하므로, 이 단계의 행동은 의도적이고 목적적임 • 1차 도식(예, 엄마의 옷을 잡아당기기)과 2차 도식(예, 엄마를 다른 곳으로 데려가기)의 협응이 이루어짐
3차 순환반응기	12~18개월	• 친숙한 행동으로 목표에 도달할 수 없을 경우 전략을 수정하여 사용함 • 도식 자체가 크게 변화하게 되고, 능동적으로 새로운 수단을 발견함 • 시행착오적 행동을 함(예, 높은 곳에 물건을 내리는 것에 실패할 경우 의자를 가져다 놓고 높은 곳에 있는 물건을 내림)
정신적 표상기	18~24개월	• 행동하기 전에 생각을 함으로써 이해와 통찰을 얻을 수 있음 • 수단과 목적의 관계에 대한 정신적 조작이 가능해짐 • 몸으로 행동하는 대신 마음속으로 행동의 결과를 예측함

(2) 전조작적 사고 단계(preoperational stage)

① 2~7세

② 조작(operation): 정보의 전환을 이해하는 정신능력, 즉 처음으로 되돌아갈 수 있

는 능력을 의미

③ 상징적 표상능력을 지닐 수 있게 되고 개념적 사고하기 시작함

④ 비논리적 사고

⑤ 환상이나 놀이 통한 상징적 표상이 문제해결과 지배감 갖게 되는 중요한 통로

⑥ 전개념적 사고와 직관적 사고 단계로 구분됨

전개념적 사고 단계	• 2~4세 • 상징적으로 사물을 조작할 수 있도록 해 주는 표상기술 획득하게 됨 • 모방, 심상, 상징화, 상징놀이, 언어기술 획득 • 상징적 사고, 자기중심적 사고, 물활론적 사고, 인공론적 사고, 전도추리 가능
직관적 사고 단계	• 4~7세 • 사물과 사건 표상 위해 개념 형성하지만 불완전. 부분적 논리 통해 추론 • 상위, 하위 개념 분류 능력 불완전 • 전도추리 경향, 중심화 경향, 불가역적 사고 특성, 자아중심적 사고 특성

※ **물활론적 사고**

생명이 없는 대상을 살아 있다고 생각-책이 떨어진 것:책이 다른 책이랑 같이 있고 싶지 않아서 떨어졌다고 생각

※ **인공론적 사고**

모든 사물이나 사고는 인간을 위해 존재한다고 생각-번개는 인간 벌하기 위해, 해와 달도 인간을 위해 누군가 만들었다는 사고

---

(3) 구체적 조작 사고 단계(concrete operational stage)

① 7~11세

② 비논리적 사고에서 논리적 사고로 전환

③ 보존기술, 가역성, 연속성, 분류기술과 같은 기본 논리체계 획득

 – 보존기술(conservation): 형태와 위치가 변해도 양, 수 등이 동일하게 유지된다는 개념

 – 가역성(reversibility): 시작한 곳까지 합리적으로 거슬러 올라갈 수 있는 능력

 – 연속성(seriation, 연속, 순차배열): 크기가 증가하고 감소함에 따라 요소를 정신

적으로 배열할 수 있는 능력

- 분류기술(classification): 대상 구분, 동시에 2개 이상의 계층 고려할 수 있는 능력

(4) 형식적 조작 사고 단계(formal operational stage) ★★

① 11~15세

② 아동은 지각이나 경험보다 논리적 원리의 지배를 받음

③ 추상적 사고가 가능하기 때문에 경험하지 못한 사건에 대한 가설적이고 추상적인 합리화 통해 과학적 사고 가능

④ 형식적 조작 사고 단계 인지발달 특성

- 구체적 상황 초월하여 상상적 추론 가능

- 가설 설정과 미래사건의 예측 가능, 제시된 문제가 자신의 이전 경험이나 신념과 어긋난다 할지라도 처리 가능

- 있을 수 있는 모든 개념적 조합을 체계저긍로 고려하고 검증 가능

- 관련된 모든 변인의 관련성을 파악하여 적절한 문제해결 방법 찾음

⑤ 13~15세에 형식적 사고능력 가장 큰 진보가 나타남

4. 사회복지실천에의 적용

1) 심리적 건강과 증상에 관한 관점

(1) 대표적 인지치료이론가: Beck과 Ellis

① Aron Beck(1921~현재)의 인지치료: 특징적 사고 유형이 우울증 및 불안장애를 유발하는 정교하게 설명하고 효과적으로 개입할 수 있는 방법 제시(1976)

② Albert Ellis(1913~2007)의 합리적 정서행동치료(rational emotive behavior therapy: REBT): 자기패배적 행동과 정서적 고통을 야기하는 비합리적 사고와 신념에 초점을 둠

(2) Ellis의 A→B→C→D→E 모델 ★★

① 선행사건(activation event): 개인에게 정서적 혼란 야기하는 사건

② 신념체계(belief system): 어떤 사건이나 행위 등과 같은 환경적 자극에 대해 개인이 지니고 있는 태도나 사고방식 의미

③ 결과(consequence): 선행사건에 직면하였을 때 비합리적 태도나 사고방식 가지고 해석함으로 느끼게 되는 불안, 원망, 비판, 죄의식 등 정서적 결과 의미

④ 논박(dispute): 개인이 가지고 있는 비합리적 사고나 신념에 대해서 도전해 보고 사상이 합리적인지 검토하도록 치료자가 촉구하는 과정

⑤ 효과(effect): 내담자가 가진 비합리적 신념 철저하게 논박함으로 합리적 신념으로 대치한 이후에 느끼게 되는 자기수용적인 태도와 긍정적인 감정의 결과

2) 치료 목표와 과정

(1) 인지치료의 목표

내담자가 보이는 정서장애나 문제행동의 제거나 아니라 문제행동의 배후에 있는 비합리적이고 자기패배적인 신념을 최소화하고 삶에 대하여 더욱 현실적이고 합리적인 가치관을 형성하는 데 있음

(2) 합리적 정서행동치료(REBT)에서 달성해야 할 치료목표(Ellis)

자기관심, 사회적 관심, 자기지향, 관용, 융통성, 불확실성의 수용, 창조적 추구, 과학적 사고, 자기수용, 모험시도, 장기적 쾌락 추구, 반이상주의, 정서장애에 대한 자기책임의 수용

(3) 합리적 정서행동치료(REBT) ★★

① 지시적 치료. 치료자는 권위적 인물 또는 교사의 역할을 수행

② 촉진적 치료관계 형성: Rogers가 말하는 진실성, 무조건적인 긍정적 관심, 감정이입적 이해와 같은 촉진적 치료관계의 핵심 요소가 포함됨. 그러나 치료자가 지나치게 온화한 태도를 보이지 않기 위해 절제함

(4) 치료자의 기능과 역할

① 내담자에게 치료방법을 강의 또는 설명하여 치료과정으로 끌어들임

② 내담자의 문제점, 특히 비합리적 신념체계에 대한 진단과 평가 실시

③ 비합리적 신념체계의 구체적 내용을 밝혀냄

④ 내담자가 지적 통찰과 정서적 통찰을 얻을 수 있도록 논박하는 것

3) 치료기법

합리적 정서행동치료에서 내담자의 사고, 감정, 행동을 변화시키기 위해 다양한 기법 사용

예) 인지적 기법, 정서적 기법, 행동적 기법 등

(1) 인지적 기법

내담자의 비합리적 신념체계, 특히 당위적이고 요구적인 신념체계를 인식하게 하고 합리적 사고방식을 갖도록 하는 방법

(2) 정서적 기법

내담자가 자신을 정직하게 표현하도록 하고, 정서적 모험을 경험할 수 있도록 자신을 개방하도록 하기 위해 사용되는 기법

(3) 행동적 기법

내담자에게 어떤 행동을 하게 하여 그의 비합리적 신념체계를 변화시키고, 변화된 신념체계를 통해 정서장애에서 벗어나게 하며, 역기능적 증상에서 벗어나 좀 더 생산적인 행동을 할 수 있도록 원조하는 방법

01) 인지이론의 주요 개념에 관한 설명으로 옳은 것을 모두 고른 것은?   (13회 기출)

㉠ 동화 – 새로운 정보를 접했을 때 기존의 도식을 변경하는 것

㉡ 도식 – 사물이나 사건에 대한 전체적인 윤곽이나 개념

㉢ 조절 – 기존의 도식을 활용하여 새로운 자극을 이해하는 것

㉣ 평형화 – 동화와 조절을 통해 균형 상태를 이루는 것

---

① ㉠, ㉡, ㉢   ② ㉠, ㉢

③ ㉡, ㉣   ④ ㉣

⑤ ㉠, ㉡, ㉢, ㉣

☞ 해설

㉠ 동화(assimilation): 개인이 이미 갖고 있는 도식을 이용해서 새로운 자극이나 정보를 그 도식에 맞게 이해하는 사고과정

㉡ 도식: 사건이나 자극의 특징에 대한 추상적 표상. 사건이나 자극을 인식하고 그것에 대응하는 데 사용되는 기본적인 이해의 틀.

㉢ 조절(accommodation, 순응) : 외부의 자극이나 정보에 맞게 자신이 현재 가지고 있는 도식을 변화시키는 과정.

㉣ 평형화(equilibration): 동화와 조절이 균형을 이루어 어느 한쪽도 지배적이 아닌 상태를 만들려는 인지 기능.

정답 ③

02) 피아제(J. Piaget)의 감각운동기의 발달특성에 관한 설명으로 옳은 것은?

(15회 기출)

① 대상을 특징에 따라 분류(classification)한다.

② 대상을 연속(seriation)적인 순서에 따라 배열한다.

③ 대상의 질량 혹은 무게가 형태 및 위치에 따라 변하여도 보존(conservation)될 수 있다고 생각한다.

④ 대상영속성(object permanence)을 획득한다.

⑤ 조합기술(combination skill)을 획득한다.

☞ 해설

①, ②, ③, ⑤번은 구체적 조작기의 특징

① 분류(=유목화): 대상을 구분하고, 동시에 2개 이상의 계층을 고려할 수 있는 능력

② 연속성(=서열화): 크기가 증가하고 감소함에 따라 요소들을 정신적으로 배열할 수 있는 능력

③ 보존: 형태와 위치가 변화하더라도 물질의 양은 동일하게 유지된다는 개념

⑤ 조합기술: 수를 조작하는 능력으로써 일정한 수의 사물이 있으면 그걸 펼치든지 모으든지 또는 형태를 바꾸든지 수가 같다는 것을 이해할 수 있는 능력을 의미

정답 ④

제19장
|
소집단이론

1. 인간관과 가정

1) 인간관

① 환경 속의 인간(person in environment) 관점, '환경 속의 집단에 속한 개인 (person-in group-in environment)이라는 관점

② 소집단이론에서는 인간을 전 생애에 걸쳐 상호의존하는 생리·심리·사회적 존재

③ 개별성–집합성(individuality-groupness): 집단에 속한 개인(individual in group)과 개인 또는 집단(individual or group)이라는 극단적 관점 거부

2) 기본가정

① 인간의 성격은 한 개인이 집단에 소속되어 고유의 지위와 권리 그리고 역할을 부여받고 타인과 상호작용을 함으로써 형성되고, 집단성원과의 관계를 통하여 지속적으로 성장, 변화, 수정됨

② 각 개인은 집단에 참여함으로써 사고, 판단, 추리 등의 합리적 정신작용과 같은 수단적 활동과 정서적 생활과 관련된 표현적 활동에 많은 영향을 받게 됨

③ 전체로서의 집단은 각 성원이 지니고 있는 신체·심리·사회적 특성을 공유하는 과정에서 특유의 집단과정과 역동을 창출해내고, 고유의 발달 단계를 거치게 됨

2. 주요개념

1) 집단 목적(group goal)

(1) 개념

① 집단목적은 집단조직가와 참여자의 집단에 대한 기대 이상의 것으로 집단성원과 집단조직가 모두가 참여한 상호작용의 산물

② 집단목적은 그 집단에 관여한 모든 사람들의 기대가 융합된 것으로, 집단의 존립 이유, 기대, 희망 등을 포함하며, 하나일 수도 있고 복합적일 수도 있으며, 여러 개의 하위목표를 가질 수도 있음

(2) 집단목적의 종류

서비스 목적(service goal), 집단사회복지사의 목적, 성원의 개인적 목적, 전체 집단으로서의 목적 등

(3) 집단의 세 가지 목적

① 명백히 드러난 목적(avowed goal)

② 숨겨진 목적(unavowed goal)

③ 무의식적 목적(unconscious goal)

2) 집단지도력(group leadership)

(1) 개념

집단지도력이란 집단구조상 특정 지위를 점유한 사람이 집단의 목표달성을 위한 활동에 행사하는 사회적 영향력이나 힘

(2) 집단사회복지사가 활용할 수 있는 권력기반(power base)

연계적 권력, 전문적 권력, 정보적 권력, 공인된 권력, 참조적 권력, 보상적 권력, 강압적 권력 등

(3) 집단지도력의 유형

① 집단역동과 집단결과에 있어서 많은 차이를 보임
② 집단지도력 유형: 전제형, 방임형, 민주형
   - 전제형 집단에서는 민주형보다 공격성, 적대감, 희생양이 더 많이 표출됨
   - 민주형에서는 방임형이나 전제형보다 질적으로 높은 성취도를 보이고 있지만, 과업성취도 자체는 지도력 유형에 따라 큰 차이를 보이지 않음

(4) 집단지도력에 영향을 미치는 상황적 요인

집단목적, 집단의 문제유형, 집단의 환경적 특성, 전체 집단의 특성, 집단성원의 특성, 집단지도자의 특성 등

3) 의사소통

① 의사소통은 상대방에게 의미를 전달하기 위하여 상징을 사용하는 과정
② <u>의사소통의 4단계</u>
   - 송신자가 개인의 지각, 사고 및 감정을 언어로 부호화(encoding)
   - 상징이나 언어를 전달(transmission)
   - 수신자가 전달된 상징이나 언어를 해독(decoding)
   - 환류(feedback)

(3) 의사소통 과정의 방해 또는 왜곡을 일으키는 요인

① 선별적 지각(selective perception)
② 송신자와 수신자가 숨겨진 의미(hidden meaning)를 갖고 있을 때
③ 강세, 방언 등과 같은 언어적 장벽, 청각장애나 소음 등

4) 상호작용

(1) 상호작용의 유형

① 기둥형(maypole)

② 순번형(round robin)

③ 뜨거운 자리형(hot seat)

④ 자유부동형(free-floating)

> ①, ②, ③은 지도자 중심의 상호작용유형, ④는 성원들이 주도권을 갖는 집단중심 유형

(2) 상호작용에 영향을 미치는 요인

① 성원이 사용하는 언어적 표현이나 비언어적 행동들과 같은 행동적 실마리(behavioral cues)와 특정 행동의 결과로 주어지는 강화물

② 정서적 결속력(긍정적 결속력/부정적 결속력)

③ 하위집단–집단성원의 일부가 정서적 결속이나 흥미동맹을 맺게 될 때 나타나는 집단

④ 집단의 크기와 물리적 환경

⑤ 집단 내에서의 권력과 지위의 배분정도

5) 집단결속력(group cohesion)

(1) 개념

집단 내에는 집단 내에 남아 있도록 하는 구심력과 집단으로부터 분리되게 만드는 원심력이 존재하는데, 이 두 가지 힘의 상호작용 결과를 말함

(2) 집단결속력 형성 요인

① 타인과의 연합, 인정, 안정에 대한 욕구

② 성원의 권위, 집단의 목적과 프로그램 활동, 집단운영방식 등과 같은 집단이 갖고 있는 자원과 유인(誘因)

③ 집단 결과에 대한 성원의 주관적 기대
④ 다른 집단경험과의 비교 등

6) 사회통제(social control)

(1) 개념
전체 집단이 이전의 방식대로 기능하기 위하여 성원을 순응 · 복종하게 하는 과정, 즉 집단의 항상성 기제. 사회통제에는 규범, 역할, 지위가 포함됨

(2) 규범, 역할, 지위
① 규범(norm): 성원들 모두가 집단에서 적절한 행동방식이라고 믿고 있는 신념이나 기대
② 역할: 집단 내의 개별 성원의 기능에 대해 공유하고 있는 기대. 특정 성원이 집단 내에서 수행해야 할 구체적인 과업이나 기능과 관련된 행동을 규정하는 것
  - 집단 내에서 나타날 수 있는 역할: 촉진자, 정보주구자, 정보제공자, 기여자, 의견제시자, 평가자, 비평가, 집단형성가, 집단유지자, 조화자, 격려자, 광대(clown), 침묵자, 선한 어머니(good mother), 안내자, 조력자, 중개자, 중재자, 관찰자, 교사 등
  - 집단에서 가장 문제가 되는 역할: 희생양, 소외자, 문지기(gate-keeper)
③ 지위(status): 집단 내의 다른 모든 성원들과 비교하여 각 성원이 집단 내에서 어느 정도의 위치에 있는지를 평가하고 순위를 매긴 것
  - 지위에 영향을 미치는 요인: 기관으로부터 후원을 얻어내는 능력, 개인적인 호감, 지식수준, 집단에 대한 책임이행도, 집단발전에 대한 기여도 등

7) 집단 문화(group culture)

(1) 개념
집단문화는 집단성원들이 공통적으로 갖고 있는 가치, 신념, 관습, 전통

(2) 특징

① 집단문화는 성원 간의 의사소통과 상호작용에 용해되어 있는 경우가 많기 때문에 쉽게 눈에 띄는 특성을 가지고 있음

② 자기결정, 개방성, 의견의 다양성 등의 가치를 중시하는 집단문화가 발달할 경우에 전체 집단과 개별성원의 목적성취를 촉진시킴

3. 집단발달에 대한 관점

1) 사전단계

기획단계. 집단지도자와 성원이 하나의 집단으로 처음으로 대면하기 이전 단계

2) 초기단계

집단 내에서 자신의 사고나 감정을 신뢰하고 수용해 주는 사람과 지속적인 관계를 형성할 수 있는 사람을 찾아내기 위하여 다른 성원이나 집단지도자에 대해 잠정적인 평가를 시도함

- 초기 단계에서는 서로 가까워지려고 하지만 지나치게 가까워지는 것을 회피하는 접근-회피갈등(approach-avoidance conflict)이 특징적으로 나타남

(3) 중간단계

시험, 갈등, 성원 간의 관계를 조정하는 시기인 갈등 및 집단와해 단계와 목적성취를 위해 노력을 경주하는 문제해결단계로 구분

- 중간단계의 세부단계
  - 갈등 및 집단와해 단계
  - 문제해결단계

(4) 종결단계

성원들은 친숙하게 지내던 성원들과 분리되고 안전한 장소인 집단을 떠나 현실 상황

으로 되돌아가야 하는 것에 대한 불안감 느낌. 때문에 집단활동을 계속하고 싶어함. 종결단계에서 성원은 양가감정을 느낌

4. 사회복지실천에 대한 적용

1) 심리적 건강과 증상에 대한 관점
① 개인이 가족, 또래 등의 집단을 통하여 바람직한 사회규범을 학습하고 만족스러운 사회관계를 형성·유지할 수 있으며, 개인이 성취하고자 하는 목적을 확인할 수 있을 뿐만 아니라 고통스러운 시기에 사회적 지지를 받을 수 있는 기회를 갖게 됨
② 어떤 개인의 집단소속의식 장애
③ 현대인이 경험하는 부적응과 문제

2) 개입목표와 과정
① 개인의 사회화, 역기능의 예방, 치료, 재활 및 성장
② 전체 집단의 성장과 변화
③ 사회행동, 사회적 위기의 제거를 통한 사회 변화

3) 개입기법
(1) 집단과정 촉진기법
집단성원 간의 이해증진, 개방적 의사소통 유형 형성, 성원들 간의 신뢰감 조성에 목적을 둠. 주의집중기법, 초점유지기법, 상호작용 지도기법, 집단참여 촉진기법 등

(2) 자료수집 및 사정기법
집단성원의 욕구와 문제, 전제 집단과정의 역기능, 집단환경의 적절성 등을 파악하기 위하여 집단사회복지사가 사용하는 기법. 자료수집기법 −확인 및 묘사기법, 질문 및 추적기법, 요약 및 세분화기법. 사정기법−성원의 자기관찰, 집단사회복지사의 관찰과 반영, 모의검증, 소시오그램, 의미미분, 상호작용과정 분석기법, 체계적 중다수준

집단관찰(SYMLOG: systematic multiple level observation of group) 기법 등

(3) 행동기법

집단의 목적과 과업을 성취할 수 있도록 원조할 때 사용되는 기법으로 가장 기본적인 기법은 집단활동의 방향 지시하는 것. 통합기법, 지지기법, 재정의기법, 갈등해결기술, 조언, 제안, 교육, 직면기법, 모델링(modeling), 역할극, 예행연습, 코칭(coaching) 등

02) 상호작용 유형 중에서 다른 성원이 지켜보는 가운데서 지도자와 한 성원만이 의사
    소통을 하는 유형은?

① 기둥형   ② 순번형
③ 뜨거운 자리형   ④ 자유부동형

☞ 해설

상호작용의 유형

① 기둥형(maypole): 지도자가 중심적 지위를 차지하고 성원과 지도자 양자 간의 의
   사소통이 활발히 이루어지는 유형
② 순번형(round robin): 성원들이 돌아가면서 이야기하는 유형
③ 뜨거운 자리형(hot seat): 다른 성원이 지켜보는 가운데서 지도자와 한 성원만이
   의사소통을 하는 유형
④ 자유부동형(free-floating): 집단에서 이야기되고 있는 것 또는 이야기되지 않은 것
   이든 간에 모든 성원이 자유롭게 얘기할 수 있는 유형

정답 ③

02) 성원들 모두가 집단에서 적절한 행동방식이라고 믿고 있는 신념이나 기대를 의미
    하는 것은?

① 규범   ② 역할
③ 지위   ④ 권력

☞ 해설

사회통제(social control)는 전체 집단이 이전의 방식대로 기능하기 위하여 성원을 순
응복종하게 하는 과정임. 사회통제에는 규범, 역할, 지위가 포함됨. 규범은 성원들 모
두가 집단에서 적절한 행동방식이라고 믿고 있는 신념이나 기대를 의미함.

정답 ①

제20장
|
생태학적 이론

1. 인간관과 가정

1) 인간관
① 환경 속의 인간
② 능동적이고 유목적적 존재
③ 사회문화적 존재

2) 기본 가정
① 적응적 · 진화적 관점
② 인간과 환경은 분리될 수 없으며, 동시에 고려해야 한다는 것
③ 인간과 환경은 단일체계 구성
④ 핵심가정: 개인과 환경이 상호 간 영향을 미친다는 것

2. 주요 개념

1) 생태학적 이론의 주요 개념
(1) 인간의 특성 관련 주요 개념 ★★
관계, 역할, 유능성

(2) 환경의 특성 관련 주요 개념
인간의 성장과 발달을 촉진하는 물리 및 사회적 환경

(3) 인간과 환경 간의 상호 교류 주요 개념 ★★
적합성, 적응, 스트레스와 대처 등

2) 인간의 특성 관련 주요 개념
(1) 관계(relatedness)
① 생태학적 이론의 핵심적 개념
② 인간관계를 형성하거나 타인과 연결될 수 있는 능력

(2) 역할(role)
① 일련의 기대되는 행동유형일 뿐만 아니라 상호적 요구와 의미의 유형
② 내적과정과 사회적 참여 사이에서 가교의 기능을 수행하며, 역할수행 또는 사회적 참여는 개인의 자아존중감과 밀접한 연관성을 지니고 있음

(3) 유능성(competence) ★★
① 인간 발달에 필수적인 요소
② 자아정체감과 자아존중감의 개념은 유능성과 밀접하게 연관됨
③ 타인과 관계를 맺고 긍정적인 자아정체감과 자존감을 형성할 수 있는 인간의 능력은 일생에 걸쳐 확대됨

3) 환경의 특성 관련 주요 개념

(1) 사회적 환경

① 관료제 조직(bureaucratic organization)

② 보건, 교육 및 사회서비스 조직

③ 사회적 관계망(social network)

(2) 물리적 환경

① 자연적 환경과 인위적 환경으로 구성

② 물리적 환경의 색상, 온도, 후각적 단서들은 인간에게 있어서 자양분적인 자극이
되는데, 이러한 자극의 결핍은 대처와 적응에 부정적 영향 미침

③ 기압, 습도, 온도, 계절적 변화와 같은 기후적 특성 은 인간의 감정과 행동에 영향
을 미치며 긴장의 원인으로 작용하기도 함

④ 밤과 낮, 하루, 계절, 1년이라는 리듬의변화는 인간의 모든 생활 속에 반영되어
있음

(3) 공간과 시간적 리듬

① 공간은 개인의 안녕 상태에 중요한 영향을 미치는 환경적 측면임
 – 사회복지기관, 병원, 공공기관, 요양원의 설계와 같은 건축양식
 – 또래집단과 갱집단과 같은 관계 영역
 – 거리감이나 정서적 공간과 같은 개인적 지각 등

② 속도, 기간과 같은 시간적 리듬(temporal rhythms)이 적응과 밀접한 관련성 가짐

(4) 생활영역과 거주환경

① 생활영역: 지역사회 성원들이 차지하고 있는 직접적 환경이나 지위들

② 거주환경: 개인의 문화적 맥락 내에 존재하는 물리적 및 사회적 환경과 관련된 개념

4) 인간과 환경 간의 상호 교류 주요 개념

(1) 적합성(goodness of fit) ★★

① 개인의 적응적 욕구와 환경의 질이 어느 정도 부합되는가와 관련된 개념
② 인간과 환경 사이의 상호교류를 통하여 성취되며, 상호교류는 적응적일 수도 있고, 부적응적일 수도 있음
③ 대부분의 개인과 환경 사이의 상호작용이 성공적이고 적응적일 때 적합성이 이루어짐

(2) 적응(adaptation)

① 적응은 개인과 환경 사이의 활발한 상호 교환을 포함한 개인-환경이라는 하나의 단위 내에서 이루어지는 과정임
② 인간은 끊임없이 창조하고 재구조화하며, 환경이 인간에게 어떤 영향을 미친다고 해도 환경에 적응해 나감. 적응은 인간의 내적 영향력과 생태적 환경의 영향력에 의해 이루어지는 상호의존적인 과정

(3) 스트레스(stress)

① 스트레스는 개인이 지각한 요구와 이러한 요구를 충족시킬 수 있는 자원을 활용할 수 있는 능력 사이에 불균형이 일어난 것
② 스트레스는 개인과 환경 사이의 상호교류에서 나타나는 불균형에 의해 야기된 생리·심리·사회적 현상
  - 생리적 수준에서의 신체적 스트레스 유발인자는 내분비 및 신체적 변화 등이 포함
  - 심리적 수준에서는 개인의 사건에 대한 지각, 의미, 평가가 포함
  - 사회적 수준에서는 상황적 요구나 긴장이 포함
③ 스트레스가 반드시 문제가 되는 것은 아님. 개인의 성장과 발전을 도모하는 하나의 동기로 작용할 수도 있음
④ 개인과 환경 사이에 적응적 균형이 혼란되었을 때 생활문제 발생

(4) 대처 ★★

① 생태학적 접근방법에서는 사람들이 생활문제를 완화할 수 있도록 원조할 수 있는 적응적 전략을 제공함
② 스트레스를 경험함으로써 자연적으로 발생하게 되는 대처기술(coping skill)은 정

서적 고통을 통제하기 위하여 개인이 수행하는 행동

③ 대처능력을 갖추기 위해서는 내적 자원과 외적자원이 필요함

    – 내적자원: 자존감과 문제해결기술이 포함됨

    – 외적자원: 가족, 사회적관계망, 조직의 지원이 포함됨

④ 성격의 긍정적 측면을 강화하고 환경적 장애를 제거할 수 있도록 원조하는 것이 적응력과 생활만족도를 증진시키는 중요한 수단이 됨

3. 인간 발달에 대한 관점

① 생태학적이론에서는 진화적 시간에 따른 유전적 변화뿐만 아니라 신체적 성숙 및 심리사회적 선택과정에 의해 인간이 형성된다는 발달관을 가지고 있음

② 생태학적이론에서는 인간행동은 성장하는 개인과 환경 사이의 상호작용의 산물이라고 봄. 단, 개인의 특성이 고립되어 존재하는 것이 아니라 전체적인 개인적 특성이 환경과의 상호작용을 통하여 의미를 갖고 표현됨

③ 생태학적 이론에서는 특정한 인간 발달 단계를 제시하지 않고 있음. 반면, 발달을 논의할 때 일생을 통하여 일어나는 개인과 환경의 상호적 역할에 초점을 둠

④ Bronfenbrenner(1989)는 일생을 통해 이루어지는 상호 교류적 발달을 $D=f(P.E)$로 나타냄. 발달(D)이란 시간의 흐름에 따라 이루어지는 개인–환경(PE) 사이의 함수(f)라고 보았음

⑤ 생활과정(life course): 생태학적 이론의 인간발달에 대한 관점이 가장 잘 반영되어 있는 개념

4. 사회복지실천에의 적용

1) 적응과 부적응에 대한 관점

① 생태학적 이론에 근거를 두고 있는 생활모델(life model, 생활모형)에서는 내담자

가 환경과 상호교류하는 과정에서 어느 정도의 적합성을 성취하는가에 초점을 둠.

② 생태학적 이론에 근거한 또 다른 실천모델인 유능성 모델(competence model)에서는 유능성의성취 정도에 다라 개인의 적응과 부적응을 사정함

③ 생활모델에서는 개인의 욕구와 능력과 환경적 자원 간의 불일치가 발생할 때, 심리사회적 스트레스를 경험한다고 보며, 개인-환경 간의 관계가 스트레스를 받을 때 개인의 생활문제가 발생한다고 봄

④ 생활문제(Germain & Gitterman, 1980)의 상호관련된 세 가지 생활 영역 ★
  - 생활전이 또는 새롭게 부과된 발달상의 요구와 역할
  - 조직적 자원과 사회관계망의 자원 또는 물리적 및 사회적 환경 내에서의 어려움을 포함하는 압력
  - 가족 또는 다른 일차집단에서의 의사소통과 관계유형에서의 장애를 포함하는 부적응적인 대인관계과정이라는 상호관련된 생활영역 등

2) 개입목표

(1) 개입단위
개인이 개입의 기본 단위로 보고 있지만 개인뿐만 아니라 가족, 지역사회 또는 전체 사회에 개입이 필요

(2) 개입목적
① 내담자의 대처능력을 강화하고 환경을 개선하는 데 목적을 두며, 이를 통하여 내담자와 환경 사이에 보다 높은 수준의 적합성이 이루어질 수 있도록 원조

② 내담자의 개인적 성장 도모하고, 개인적 독립성을 증진시키는 경험을 통하여 자존감과 문제해결능력 및 대처기술을 증진시키고, 조직, 사회적 관계망과 물리적 환경을 보다 양육적인 환경으로 변화시키는 것

(3) 원조자 역할
내담자의 적응능력을 강화하기 위한 원조과정에서 원조자는 조력자, 교사, 촉진자, 중재자, 대변자, 조직가 등의 역할을 수행함

3) 개입기법

생태학적 접근방법에서는 내담자의 행동, 자율성, 자기존중감, 유능성의 증진을 통하여 적응능력을 고양하고 환경적 속성을 변화시키는 데 목적을 두고 있으므로 생태체계도, 사회관계망 분석, 가계도, 역량강화기법 등을 사용함

※ 가계도에 포함되어야 할 정보: 가족구조에 관한 정보, 가족성원의 사회인구적 특성과 기능에 대한 정보, 가족의 주요사건, 가족관계의 속성 등

※ **가계도를 작성하기 위한 가족면접 수집해야 할 정보**
① 주요 가족사건에 대한 가족성원의 인식차이
② 가족문제의 발달사
③ 제시된 문제와 가족상호작용의 관련성
④ 동거가족과 확대가족의 현실상황
⑤ 가족생활에 중요한 영향을 미치는 사회적 관계
⑥ 가족관계와 역할
⑦ 가족성원의 기능장애, 사회적 경력 등

──────────── 〈 출제경향 파악 〉 ────────────

01) 생태학적 이론에 관한 설명으로 옳지 않은 것은?　　　　(15회 기출)
① 인간과 환경의 지속적인 상호작용을 강조한다.
② 인간의 병리적인 관점을 강조한다.
③ 적합성이란 인간의 욕구와 환경자원이 부합하는 정도를 말한다.
④ 인간은 자신의 요구에 맞게 환경을 만들어내기도 한다.
⑤ 인간의 생활상의 문제는 전체 생활공간 내에서 이해한다.

☞ 해설
생태학적 이론은 인간에 대한 적응적이고 진화적인 관점임. 인간은 끊임없이 창조하고 재구조화하며, 환경이 인간에게 어떤 영향을 미친다고 해도 환경에 적응해 나감.
　　　　　　　　　　　　　　　　　　　　　　　　　　　정답 ②

02) 생태학 이론과 관련해 옳지 않은 것은?　　　　(5회 기출)
① 인간에 대한 낙관론적 견해를 지닌다.
② 인간은 사회 환경적 존재이다.
③ 유기체는 환경과 관계없다.
④ 인간과 환경은 상호 호혜적 관계이다.
⑤ 생활환경은 인간에게 영향을 미친다.

☞ 해설
생태학적 이론의 기본 가정은 적응적 · 진화적 관점, 인간과 환경은 분리될 수 없으며, 동시에 고려해야 한다는 것, 인간과 환경은 단일체계 구성이며, 핵심가정은 개인과 환경이 상호 간 영향을 미친다는 것임.
　　　　　　　　　　　　　　　　　　　　　　　　　　　정답 ③

220

제21장
|
일반체계이론

1. 체계이론의 철학적 · 경험적 기초

1) 체계이론의 인간에 대한 이해와 철학적 견해 ★★★

① 환경 속의 인간의 관점

② 사회문화적 존재로서의 인간

③ 체계와 함께 성장하고 발달하는 전인격적 존재로서의 인간 세 가지로 정리할 수 있음

2) 환경 속의 인간의 관점

① 체계이론에서는 인간과 환경은 분리할 수 없으며, 지속적인 상호작용과 상호교환을 통하여 서로에게 영향을 미치고 상호 적응하는 호혜적 관계를 유지하고 있다고 봄

② 인간에 대한 관점은 매우 긍정적이며, 환경 속의 인간은 환경의 자원을 자율적으로 이용할 수 있고 환경 속에서 효과적으로 기능할 수 있는 능력을 갖춘 존재임

3) 사회문화적 존재로서의 인간

① 인간은 생활환경 속에서 타인과 가치 있는 사회적 관계를 맺고 존경과 관심을 주고받는 과정에서 자아를 발달시키며, 사회가 개인에게 요구하는 역할을 적절히 수행하며 살아감
② 체계이론에서는 인간을 사회환경과 지속적인 상호교환을 하는 존재로 보고 환경에 적응하고 진화하는 존재로 바라봄

4) 체계와 함께 성장하고 발달하는 전인격적 존재로서의 인간

① 인간은 자신의 삶에 있어서 '유의미한 영향을 주는 사람들(signigicant others)' 이나 집단, 조직, 지역사회, 문화 등과 많은 관계를 맺으며 살아감
  - 체계이론에서는 인간의 성격형성이란 가족, 집단, 지역사회와의 관계에서 이루어진다고 설명함
  - 인간을 통합된 주체로 간주하고 전인격적인 존재로 바라봄
② 일반체계이론의 인간관은 인간이 외부 체계와 끊임없이 상호작용하며 상호의존하는 존재임을 강조함

2. 일반체계이론

1) 체계의 구조적 특성

(1) 체계 ★★

① 오스트리아 출신의 이론생물학자 루드비히 본 버탈란피(Ludwig von Betalanffy, 1901~1972)에 의해 개발됨. 버탈란피는 모든 유기체들은 상호 연관된 부분들의 '조직된 전체(organized complexity)' 라고 표현
② 체계(system): 상호작용하는 상호의존적인 각각의 부분들로 구성된 전체를 의미
③ 체계의 속성: '전체는 각 부분들의 합보다 크다' 로 간략히 정의됨
④ 체계란 '상호작용하는 구성요소들의 복합체' 라고 규정지을 수 있으며, 다음과 같

은 특징을 지님
- 각 체계는 부분임과 동시에 전체라는 양면성을 지님
- 단일 체계는 결정력이 없으며, 체계의 행동은 부분이나 전체 중 한 수준에서 결정되지 않음
- 모든 존재와 현상은 살아 움직이는 유기체적 특성을 지님
- 존재와 현상들 간의 직선적인 인과관계는 존재하지 않음

(2) 경계(boundary) ★★

① 경계는 모든 체계가 외부환경과 명확하게 구별되기 위해서 만들어 놓은 보호막과 같음
② 경계를 형성하는 요소: 매우 다양, 대체로 에너지의 교류, 상호작용, 규칙 등
③ 경계의 수직적 성격에 따른 체계의 구조: 상위체계(suprasystem)와 하위체계(subsystem)로 나눔
④ 경계가 가지는 2가지 기능
- 체계의 영역을 구분하는 기능
- 보호적이고 조정하는 기능

2) 체계의 2유형과 시너지

(1) 체계의 2유형

① 개방체계: 외부환경으로부터 에너지와 정보의 투입을 적극 받아들이고 외부환경에 적정한 수준의 산출물을 내보냄으로써 외부세계와 교류하고 변화를 수용하는 융통성이 높음
② 폐쇄체계: 환경과 교류함이 전혀 없고 체계 자신의 경계 안에서만 작용함

(2) 시너지

체계는 환경과 에너지의 교환과정의 속성에 따라 두 가지 체계로 나누어지는데, 체계 내 구성요소들 간에 상호작용이 증가하면 시너지(synergy) 효과가 나타남

3) 체계의 역동적 속성

(1) 균형과 안정상태 ★★

① 균형 혹은 평형상태(equilibrium)
- 주로 폐쇄체계에서 나타남
- 체계가 고정된 구조를 가지고 외부와의 교류나 체계의 구조변화 없이 고정된 평형상태를 유지하는 것을 말함. 외부와 교류하거나 체계의 구조변화가 거의 없는 것이 특징임

② 안정상태(safety state)
- 주로 개방체계에서 나타남
- 체계가 고정되어 있지 않고 지속적으로 움직이면서 환경과 교류하고 때로는 체계 스스로 환경에 적응하기 위해 체계구조를 변화시키는 상태를 말함

※ 균형(equilibrium)과 항상성(homeostasis)이 고정된 평형을 유지하며 체계의 구조에 큰 변화가 없는 보수적인 의미의 속성이라면, 안정상태(safety state)는 고정된 평형이 아닌 새로운 평형과 종전의 다른 새로운 구조를 포함한다는 진보적인 속성이라는 점에서 차이가 있음

(2) 항상성(homeostasis)

① 체계 내의 균형(equilibrium)이나 현상유지를 하려고 하는 체계의 본질적인 속성을 설명하기 위해 가장 보편적으로 사용하는 개념
② 어떤 외부의 자극과 변화의 시도에도 체계는 내부적으로 현재의 상태를 유지하려고 하고 변화에 적응함으로써 균형을 찾으려는 체계 내의 경향성
③ 체계의 변화에는 익숙함을 버리고 새로운 것을 받아들여야 하는 불편함이 수반됨

(3) 순환적 인과관계

① 호혜성(reciprocity)을 바탕으로 하여, 체계에서 일부가 변화하면, 그 부분은 다른 부분들과 상호작용하여 나머지 부분들도 변화하게 된다는 개념
② 변화는 순환적이기 때문에 지속되는 연속성 안에서 처음의 개인에게 영향을 줌.

가족체계 내에서 인과관계는 직선적이라기보다는 순환적인 것으로 간주됨

③ 일반체계이론적인 접근법에서는 A는 B에 영향을 주며, B는 C에 영향을 주고, 이
　것이 다시 A로 되돌아오는 형태의 순환을 중요시 함

(4) 엔트로피와 네겐트로피 ★

버탈란피(Betalanffy)는 보어(Bohr)의 열역학의 두 가지 법칙을 활용하여 엔트로피에
대한 개념을 설명. 열역학 제1법칙인 '에너지 보존의 법칙'과 열역학 제2의 법칙인
'에너지 변형의 법칙'을 통해 엔트로피의 증가로 인한 무질서의 상태가 될 위험을 극
복할 수 있는 개념인 네겐트로피의 개념을 사용

① 엔트로피: 대가로 치러지는 에너지, 유용한 일로 변환시킬 수 없는 에너지의 양,
　체계 스스로가 자신의 에너지를 유지하기 위해 사용하는 에너지를 말함

② 네겐트로피(negentropy): 엔트로피에 반대되는 개념. 체계이론에서는 네겐트로피
　를 '체계 내의 질서, 형태, 분화가 있는 상태'라고 설명함

4) 체계의 과정적 속성

(1) 개념

모든 체계는 성장하고 발전하기 위해서 체계 내·외부에 존재하는 정보를 지속적으
로 탐색하고 적절한 수준에서의 에너지 교환이 이루어져야 한다는 것

(2) 속성

체계이론에서는 엔트로피 법칙의 개념들과 인간행동의 관계를 '투입-전환-산출-피
드백' 과정으로 설명함

① 투입(input): 체계가 환경으로부터 에너지와 정보 등을 받아들이는 것을 말함

② 전환(through-put): 일단 외부환경으로부터 체계 내부로 투입이 이루어지고 나면,
　체계는 투입된 에너지를 자신에게 적절하게 변형시키는 재조직화 과정을 거치게
　되는데 이를 말함

③ 산출(output): 전환과정이 시작되면, 체계는 적극적으로 외부환경에 반응하게 되
　는데, 산출은 체계 내에서 변형된 에너지를 환경으로 방출하는 것을 의미함

④ 환류(feedback): 투입-전환-산출이라는 일련의 에너지 전환과정에 의해 만들어진 산출은 환류를 통하여 다시 체계내부로 투입됨
  - 부적 환류(negative feedback): 지금까지의 행동을 중단하도록 하는 것. 체계가 바람직하지 못한 행동을 수정하고 조절하도록 유도하여 원래의 모습으로 돌아가도록 하는 등 체계의 안정성을 확보하는 방법
    예) 늦게 귀가하는 청소년-부모의 야단-자녀 일찍 귀가. 부모가 그런 행동을 하지 않도록 하라는 부적 환류 역할을 함
  - 정적 환류(positive feedback): 현재의 상황이 지속되도록 하는 환류. 체계 전체가 한쪽 방향으로 계속 이탈되는 것을 말함
    예) 늦게 귀가하는 청소년-부모의 야단-귀가시간이 더 늦어짐. 부모의 야단이 늦은 귀가행위를 촉진시키는 정적 환류 역할을 함

3. 사회복지실천에의 적용

1) 적응적 체계와 증상에 대한 관점
체계는 선별적 적응과정을 활용하므로 시간이 지남에 따라 체계는 더욱 정교화되고 환경에 선별적으로 적응해 감. Buckley(1967)는 개방성은 체계의 생존, 연속성, 변화 능력의 기반을 이루는 필요요인이라고 하였음

(2) 적응적 체계
상호 교환을 유지하기 위하여 유연성(plasticity)과 환경에 대한 반응성(irritability)을 지니고 있어야 함

(3) 개인의 문제와 증상
역기능적 체계에 대한 은유(metaphor)인 동시에 적응방법
① 증상은 체계 내의 다른 구성요소와의 상호작용, 정서 및 지적 밀착, 가족의 적응을 요구하는 생활 상황에 대한 대처 정도에 따라 야기되고 유지됨

② 증상은 체계의 역기능적인 산물이지만 이러한 증상으로 인하여 체계는 역기능적 상호작용 유형을 지속적으로 유지함으로써 안정 상태를 유지하고 역기능적 상호작용의 결과로 나타날 수도 있는 체계의 파괴나 소멸을 방지해 주는 역할을 함

2) 개입목표와 과정

(1) 개요

일반체계이론에서는 문제나 증상을 일으키는 원인을 제거하는 데 초점을 두는 대신 체계 내부의 부분들 간의 상호작용이나 체계와 환경 사이의 관계를 변화시킴으로써 증상을 제거하는 데 초점을 둠

(2) 과정

개입목적 달성을 위해 체계적 접근방법에서는 과거보다는 현재 체계내의 역기능적 상호작용유형에 치료적 초점을 둠

(3) 변화대리인(치료자)의 역할

① 일반체계이론에서는 치료자를 변화대리인(change agent)으로 봄
② Stein(1971)은 체계의 변화대리인 수행해야 할 역할을 다음과 같이 제시함
  - 내담자체계가 역기능의 원천과 문제해결에 대한 자기인식을 증진할 수 있도록 원조하여야 함
  - 가족이 구조적 유형과 의사소통 유형을 파악할 수 있도록 하여야 함
  - 가족이 문제와 어려움을 이해하고 해결할 수 있도록 원조할 수 있는 현재 행동을 지적함
  - 가족에게 기능적 행동을 지도할 수 있는 질문과 기법을 활용함
  - 가족이 해결책과 자원을 발견하고 접근하고, 가족이 새로운 기능수준으로 옮아 갈 수 있도록 하여야 함

3) 개입기법

(1) 상호작용 실연기법, 경계선 설정기법

Minuchin(1974)의 구조적 가족치료에서 활용되는 대표적인 가족 재구조화 기법

(2) 지시기법
Haley(1976)의 전략적 가족치료에서 주로 활용하는 기법으로 직설적 지시, 은유적 지시, 역설적 지시가 있음

(3) 재정의(reframing)기법
재정의기법은 MRI(Mental Research Institute)의 상호작용적 가족치료, Milan Group의 체계론적 가족치료 등 대부분의 가족치료 접근방법에서 사용하는 기법임
① 주로 행동이나 사건이 지니는 부정적 의미를 긍정적으로 변화시켜 주는 기법
② 재명명(relabeling) 또는 긍정적 의미부여(positive connotation)

(4) 순환적 질문
순환적 질문은 Milan Group의 체계론적 가족치료의 대표적인 치료기법으로 개인의 증상행동을 가족성원 간의 관계상의 문제로 재규정하기 위하여 사용하는 기법
① 차이에 관한 질문
② 가설적 질문
③ 행동의 효과에 대한 질문

01) 일반체계이론 개념 중 옳은 것은?   **(5회 기출)**

① 항상성: 체계를 안정적 · 지속적 균형상태로 유지하기 위한 경향

② 안정상태: 위협을 받았을 때 균형을 회복하려는 경향

③ 엔트로피: 체계가 성장하고 발달하는 방향으로 진행하는 과정

④ 경계: 둘 또는 그 이상의 사람이나 체계 사이의 상호 정서적 교류 및 역동적 상호
　작용

⑤ 시너지: 인간과 환경 사이에 적극적으로 개입하는 자연발생적 힘

☞ 해설

② 안정상태: 전체체계가 균형을 이루고 있고, 부분들 간의 관계를 유지시키고 쇠퇴
　하여 붕괴하지 않게 하기 위해 환경과의 융통성 있는 에너지 교환관계를 유지하고
　있는 상태

③ 엔트로피: 체계구성요소들 간의 상호작용이 감소함에 따라 유용한 에너지가 감소
　하는 상태

④ 경계: 체계의 외부와 내부 또는 한 체계와 다른 체계를 구분해 주는 일종의 구획,
　선, 혹은 침투성을 지닌 테두리

⑤ 시너지는 체계 내의 유용한 에너지가 증가하는 것

정답 ①

02) 다음에 제시된 내용과 관계있는 용어는? (11회 기출)

> • 고정된 구조를 지닌다.
> • 환경과 수직적 상호작용보다는 수평적 상호작용을 선호한다.
> • 외부로부터 새로운 에너지의 투입 없이 현상을 유지하는 속성을 지닌다.

① 피드백(feedback)　　　　　② 호혜성(reciprocity)
③ 항상성(homeostasis)　　　④ 안정상태(steady state)
⑤ 균형(equilibrium)

☞ 해설

균형 혹은 평형상태(equilibrium)는 주로 폐쇄체계에서 나타남. 체계가 고정된 구조를 가지고 외부와의 교류나 체계의 구조변화 없이 고정된 평형상태를 유지하는 것을 말함. 외부와 교류하거나 체계의 구조변화가 거의 없는 것이 특징임.

정답 ⑤

제22장
|
생태체계이론

1. 생태체계이론의 구성

1) 생태체계이론의 관점
① 생태학의 개념과 일반체계이론을 기반으로 파생된 이론
② 인간과 환경적 힘이 상호작용하는 방법에 대한 실천가의 관점을 중시
③ 대표적인 학자: 저메인(Carel B. Germain)과 지터먼(Alex Gitterman) 등

2) 생태체계이론의 개념 구성
① 생태학으로부터 개인과 환경 사이에 존재하는 상호 적응의 개념을 빌려옴
② 일반체계이론으로부터는 체계와 관련된 다양한 개념인 상호작용성, 개방체계 및 폐쇄체계, 위계성, 항상성, 환류의 개념 등을 빌려옴
③ 동물행동학, 자아심리학, 스트레스 이론, 역할이론, 인류학 이론, 인본주의 이론 등과 같은 다양한 이론의 영향을 받음

3) 일반체계이론의 한계점 극복

Germain(1983)은 생태체계이론은 일반체계이론의 주요 개념을 그대로 받아들이고 있지만, 생태학적 관점에 의해 일반체계이론의 몇 가지 한계점을 극복하고 있음

① 일반체계이론에서 충분한 설명이 없었던 체계 간의 공유영역에 대해 적응과 상호 교류라는 개념으로 그 중요성을 강조함

② 체계의 변화 속성만을 강조한 일반체계이론에 비해 생태체계이론은 변화와 동시 에 체계의 유지기능을 동등하게 중시함

③ 일반체계이론보다 실제 생활 속에서 살아가는 인간의 문제에 관심을 가져 이론에 인간적 관심과 실천적인 경향을 띰

2. 생태체계이론의 주요 개념

1) 인간과 환경 간의 관계

(1) 상황 속의 인간 ★★

① 인간을 매우 복잡한 체계로 바라봄

  - 인간은 사고, 감정, 관찰 가능한 행동을 가진 생물학적 · 심리적 · 정신적 · 사회 적 · 문화적 존재

② 인간은 환경에 대한 반응자일 뿐만 아니라 환경의 자극제이기도 함

③ 인간은 변화하는 환경에 적극적으로 적응하고 있으며, 환경에 영향을 미치고 있음

(2) 인간과 환경 간의 상호교류

① 상호교류는 호혜적인 상호작용으로 '인간이 지속적으로 그들의 환경을 형성하고 또 그들에 의해 형성되어 가는 과정' 임

② 상호교류는 체계의 기능을 유지하고 변화를 촉구하는 에너지의 출처로서 기능함. 부족하고 비생산적인 상호교류는 성장을 저해하며, 기본적 생존도 위협할 수 있음

③ 오늘날 상호교류의 개념: 사회적 기능의 호혜적 차원, 인간과 환경 모두가 변화할 수 있다는 관점을 강조

(3) 발달 개념으로서의 변화

① 생태체계이론은 인간의 변화를 진보적 발달로 파악함

② 인간이 내외적 힘에 반응하여 성장 변화, 안정화되어 간다고 봄

③ 인간이 신체적 · 정서적 · 지적으로 성숙함에 따라 그들의 행동은 내적인 변화를
드러내고 그에 반응함

④ 내적 경험은 상황적 사건에 영향을 미치고 반응함

2) 적응적 적합성 및 적응

(1) 적응적 적합성 ★★

① 개념: 모든 개인과 사회체계는 그들의 필요로 하는 것과 제공해야 하는 것 그리고
세계에 대한 그들의 요구 간에 조화를 유지하려고 노력하는 것

② 생태체계이론은 현재 행동을 인간과 환경 상호 간에 편안한 균형을 찾고 유지하는
것으로 설명함

(2) 적응

① 적응(adaptation): 개인과 환경 사이의 활발한 상호작용을 포함한 개인−환경이라
는 하나의 단위 내에서 이루어지는 과정임

② 생태체계이론에서는 부적응적 · 역기능적이란 용어는 적용되지 않음

- 인간행동이 개인의 내면적 욕구와 환경적 요구를 충족시키기 위한 인간의 적응
이라면 어떤 행동도 부적응적일 수 없는 것임

- 부적응적인 결과 혹은 수용되기 어려운 행동이 나타난다고 할지라도 그것은 그
환경 안에서 적응적인 것이며, 모든 행동은 그 상황 안에서는 의미가 있는 것임

(3) 스트레스와 대처 ★★

① 스트레스(stress)

- 인간과 환경 간의 복잡한 상호작용에서 일상적인 적응적 균형 또는 적응적 적합
성의 혼란

- 생활모델에서는 스트레스를 욕구 또는 능력과 환경적 자원간의 불일치로 생기

는 심리사회적 상태로 봄
  - 경험되는 모든 스트레스가 불쾌하거나 바람직하지 못한 것은 아니며, 어떤 스트레스는 필요함
② 대처
개인은 스트레스를 경험하게 될 때 정서적 고통을 통제하기 위하여 자연스러운 행동

3) 환경
(1) 개념
① 생태체계이론에서는 생활상의 문제가 환경적 문제와 어떤 연관성을 가지고 있는지에 관심을 가짐
② 생태체계이론에서 환경은 기존 이론에 포함되지 않았던 사회적 환경과 시간 그리고 공간까지 포함하는 종합적 개념임
③ 생태체계이론에서 환경은 층(layer)과 조직·구성물(texture)로 이루어져 있는데, 층은 사회적 환경과 물리적 환경이고, 조직은 시간과 공간임

(2) 사회적 환경
① 2인군의 관계에서부터 사회 자체에 분포하는 조직의 여러 수준(level)에 있는 다른 사람의 인간적 환경(인간관계망)
② 사회적 환경의 주요 관심은 사회복지실천과 밀접한 사회관계망과 관료조직에 있음
  - 사회관계망은 구성원 간의 연계가 행동에 영향을 미치는 하나의 관계체계로, 개인이나 가정의 생활공간에서 일어나는 친족, 친구, 이웃, 동료, 자조집단 등을 포함함. 사회관계망의 도구적 기능은 자원의 교환, 정보 제공, 대처기술의 교습이며, 정서적 기능은 정서적 지지 제공, 자기 동경과 가치 있음을 느끼도록 하며, 상호적인 보호의 경험을 제공함
  - 관료조직은 사회적 환경의 두드러진 특징임. 노동의 분화, 정책과 규율, 권위와 의사결정 구조에 의해 효과적이고 공정하게 인간의 욕구를 충족하기 위해 만들어진 조직임

(2) 물리적 환경

① 자연적 환경과 인위적 환경으로 구성됨

- 자연적 환경: 기후, 지리적 조건 등
- 인위적 환경: 건축물, 대중매체, 교통체계 등 자연적 환경 내에 인간이 배치한 구조나 대상

② 색상, 온도, 후각적 단서, 기업과 온도, 계절적 변화 같은 기후적 특성 등은 인간의 감정과 행동에 영향을 미치며, 긴장의 원인으로 작용하기도 함. 자연환경은 밤과 낮, 하루, 계절, 1년이라는 리듬의 변화를 포함하고 있으며 인간의 모든 생활 속에 반영됨

③ 개인이 거주하는 건물, 이용하는 교통편의체계와 대중매체 등과 같은 인위적 세계도 인간의 생활에 영향을 미침

(3) 시간과 공간의 구조

① 인간의 시간적 · 공간적 행동은 사회적 · 물리적 환경과 관련이 있음

② 시간은 보조(pacing), 지속(duration), 리듬(rhythm)에 관련되어 있음

- 생태학적 관점에서 체계의 관계망에 있는 각 체계는 그 자신의 시간주기와 구조를 가지고 있음
- 개인 존재에 내재된 시간적 측면을 거스르면 생리학적 · 정서적 스트레스가 생길 수 있음

③ 공간의 개념은 사회복지기관의 설계와 같은 건축양식에 적용될 수 있으며, 또래집단과 같은 관계 영역에 적용될 수 있고, 거리감이나 정서적 공간과 같은 개인적 지각에도 적용될 수 있음. 인간의 공간적 행동의 이해를 위한 사회심리적 준거틀은 프라이버시(privacy), 개인적 거리(personal distance), 영역(territory), 혼잡함(crowding) 등의 개념으로 구성됨

(4) 문화

① 사람들이 어떻게 생활하느냐와 관련된 생활방식이며, 인간이 소유한 능력의 소산으로서 생활하는 관습의 전체

② 의식주를 포함하여 사회생활, 종교생활, 경제생활 등을 어떤 방식으로 해 나가느냐 하는 것과 관련된 생활의 모습임
③ 사회체계로서 문화의 속성
   - 문화는 전체 사회 속에 존재하는 개인, 집단, 조직 및 지역사회에 영향을 미치는 거시체계로서 세대 간에 전승되면서 직간접적으로 사회의 모든 성원에게 영향을 미침
④ 문화는 가장 작고 기본적인 요소인 문화 특질로 나누어지며, 각각의 특질이 모여 복합적인 형태인 문화복합을 이루고, 다양한 하위문화 등이 모여 전체 문화를 구성함
   - 하위문화는 한 사회 속에서 공존하며, 특별한 생활양식, 가치체계, 행동양식 등을 발전시키고 사회의 문화적 내용을 이루어 다양한 집단에 영향을 미침

(5) 생태체계이론의 인간관과 주요 개념 비교

구분	체계이론	생태학	생태체계
대표학자	베르탈란피	브론펜브레너	저메인, 메이어
인간관	인간은 체계로서 상호작용하는 부분으로 구성된 전체임. 인간은 하나의부분으로 분리된 전체가아니라 통합된 체계로 파악해야 함	생물학적 종으로서 인간은 환경과의 적응적 적합성을 이루어 가는 존재임	인간은 환경과 지속적으로 상호작용하면서 발달하는 존재임. 인간의 내적 영향력과 생태적 환경의 영향력이 적절할 때 적응을 이루게 됨
주요개념	경계, 폐쇄체계와 개방체계, 항상성	미시체계, 중간체계, 외(부)체계, 거시체계, 시간체계	상황 속의 인간, 적응적 적합성, 스트레스와 대처, 생활모델

3. 생태체계이론과 사회복지실천

1) 사정도구로서 생태체계이론
① 생태체계이론은 인간의 다양성 및 인간과 환경 간의 관계를 이해하기 위한 방법을 제공함

② 생태도(eco-map)와 사회관계망: 생태체계이론에서는 다양한 크기의 사회관계망을 분석하고 클라이언트와 환경 사이의 상호교류를 시각적으로 활용할 수 있는 대표적인 사정도구
- 생태도: 생활공간 속에서 개인 또는 가족이 차지하는 위치를 그림으로 표시해 주며, 개인이 관계를 맺고 있거나 개인에게 영향을 미치는 조직이나 환경요인을 원을 사용하여 나타냄으로써 그것들을 사회적 환경의 맥락 속에서 파악할 수 있게 해줌
- 사회관계망 지도나 사회관계망 표: 클라이언트가 적절하고 효과적인 사회적 지지를 사용하도록 돕기 위해서, 또는 클라이언트의 잠재적인 사회적 지지를 확인가호 사정하는 데 참여시킬 대 사용하는 도구
③ 생태체계적 이론의 사정모델은 클라이언트가 가지고 있는 사회관계망 등 자원이나 강점에 초점을 둔 강점이론이나 역량강화모델의 이론적 기초가 되었음
- 생태체계이론에 기초한 강점모델, 역량강화 접근, 적응유연성 이론은 다양한 인구집단, 특히 약자집단에 매우 유용한 것으로 나타나고 있음

(2) 실천모델로서 생활모델 ★★
① 생활 모델(life model): 생태체계이론의 사회복지실천 모델
- 생활모델은 클라이언트가 환경과 상호 교류하는 과정에서 어느 정도의 적합성을 성취하는가에 초점을 둠
- 생활모델에서는 개인이 환경과의 상호작용 과정에서 특별한 생활과업과 성숙욕구를 충족시킬 수 있는 적합성을 성취함으로써 적응적인 삶을 유지할 수 있다고 봄
- 클라이언트가 자신의 생활에 대해 더 많은 통제력을 획득할 수 있도록 원조하는 데 강조점을 둠
- 생활모델에서는 개인이 자신의 욕구와 능력과 환경적 자원 간의 불일치가 발생할 때 심리사회적 스트레스를 경험하며 개인-환경 적응, 즉 적응적 적합성이 붕괴될 때 생활문제가 발생한다고 보고 있음
② 생활모델의 의의: 생활모델은 사회복지실천의 오랜 관심이었으나 실천 기반이 상

대적으로 미약했던 인간과 환경의 상호작용이라는 문제에 보다 실용적으로 접근할 수 있는 실천 모델을 제공하였다는 데 의의가 있음

01) 생태체계적 관점에 관한 설명으로 옳지 않은 것은? (9회 기출)

① 문제의 원인을 단선적인 인과관계로 파악하는 데 유용한 틀을 제공한다.

② 문제해결을 위한 적절한 모델을 선택할 수 있게 한다.

③ 인간과 사회환경 사이의 관계를 이해하는 준거틀을 제시하고 있다.

④ 구체적인 인간 발달단계를 제시하지 않는다.

⑤ 개인, 집단, 지역사회 등 다양한 체계에 적용이 가능하다.

☞ 해설

생태체계적 관점의 핵심가정은 개인과 환경이 상호 간 영향을 미친다는 것.

문제의 원인을 순환적인 인과관계로 파악하는 데 유용한 틀을 제공함.

순환적 인과관계는 결과변수는 원인변수에 의해 한 방향으로 영향을 받아서 나타난 것이 아니라 상호 영향 속에서 나타난 현상이라는 것을 의미함.

정답 ①

제23장
|
사회체계와 인간행동(1)

1. 사회체계의 이해

1) 인간과 환경체계의 상호작용

① 인간은 환경체계와 분리되어서는 존재할 수 없으며, 환경체계와 지속적 상호작용을 통해 발달

② 환경체계는 개인의 성격, 발달, 행동, 욕구 등 인간의 모든 측면에 강한 영향을 미치므로, 인간의 내부 체계, 외부 환경체계, 인간-환경 사이의 상호작용에 대한 전문지식과 실천기술 연마 필요

2. 사회체계의 개념과 특성

1) 개념

① 인간 발달은 진공상태에서 일어나는 것이 아니라 특정한 환경 속에서 이루어짐

② bronfenbrenner(1979)는 이러한 환경을 크게 물리적 환경, 사회적 환경으로 구분

하고 두 가지 환경을 생태체계(ecosystem) 또는 환경체계(environmental system)라는 용어로 통칭하고 있음

③ 인간과 환경 및 양자 간의 상호작용에 의해 형성되는 사회환경은 체계로서의 속성을 지님

2) 체계

(1) 개념

독특한 방식으로 상호 작용하고 상호 의존하는 부분들로 구성된 전체, 즉 부분 간에 관계를 맺고 있는 일련의 단위

(2) 특성

조직화(organization), 상호인과성(mutual causality), 지속성(constancy), 공간성(spatiality), 경계(boundary)

(3) 체계의 차원

체계는 개인, 가족, 집단, 조직, 지역사회 등 매우 다양한 수준에 걸쳐 존재하며, 그 자체로서 하나의 완전한 체계인 동시에 다른 체계의 상위체계이자 또 다른 체계의 하위체계

(4) 체계의 구분 ★★

인간의 생태체계 또는 환경체계는 상호 의존적이고 역동적인 중첩구조를 형성하고 있으며, 미시체계, 중간체계, 외적체계, 거시체계, 시간체계라는 다섯 가지로 구분할 수 있음

(5) 생태체계의 기능

① 인간의 생태체계는 외부환경과 상호 작용하는 기능을 수행하여야 함

  - 적응: 체계는 외부환경에서 자원을 얻어 이를 배분하거나 보존하여야 함
  - 목표달성: 체계가 우선적으로 목표의 우선순위를 정하고 그 목표를 달성하기 위

하여 체계 내부의 구성요소를 동원할 수 있어야 함

- 통합: 내부적으로 내부의 구성요소 간의 상호작용을 조정하고 유지해야 함
- 형태유지: 체계 내에서 발생하는 긴장이나 스트레스를 적절히 다루어 체계를 유지해야 함

3. 가족과 인간행동

1) 가족의 개념

(1) Murdock(1949)

"성관계가 허용되는 성인 남녀와 출산한 자녀나 입양자녀로 구성되어 있으며, 공동거주, 경제적 협력, 생식의 특성을 갖는 사회집단"

(2) Levi-Strauss(1969)

" 결혼에 의해 출발하며, 가족구성은 부부와 자녀 그리고 근친자로 구성되어 있으며, 그 구성원은 법적 유대, 경제적 성적 의무와 권리 존경과 애정 등과 같은 다양한 심리적 감정으로 통합되어 있는 체계"

(3) 권중돈

결혼, 혈연 또는 입양에 의해 결합되고, 그 구성원의 대부분이 동거하면서 경제적으로 협력하고, 각자에게 부여된 사회적 지위와 역할을 수행하는 과정에서 상호작용과 의사소통을 하며, 공통의 문화를 창출·유지하고, 영구적 관계를 유지하는 사회집단 또는 사회체계

2) 가족의 특성

(1) 가족구조

① 가족구조는 '가족의 구성이 어떻게 되어 있는가'를 말하는 것으로, 가족유형, 가족규모, 세대구성을 통해 파악할 수 있음

② 우리나라: 소가족화 경향, 1~2세대 가족 증가, 3세대 이상 가족 감소 양상

(2) 가족의 기능

① 가족은 생활공동체로서 체계의 유지와 구성원의 성장과 발달을 지원하기 위하여 다양한 기능을 수행함
  - 성적 욕구충족 기능, 자녀출산 및 양육 기능, 정서적 지지 기능, 경제적 협조 기능, 사회화교육 기능, 보호기능 등
② 사회복지제도는 가족의 기능을 보완 또는 대체하기 위한 사회제도 중 하나임

(3) 가족관계

가족구성원 간의 자극, 정서, 가치의식 등을 교환하는 상호작용

(4) 가족생활주기

① 가족은 수직적, 수평적 스트레스 유발요인을 경험함으로써 변화를 겪게 되며, 일련의 가족생활주기를 거치게 됨
  - 수직적 스트레스 유발요인(vertical stressor): 여러 세대에 의해 전해지는 관계와 기능적 유형, 가족의 태도 금기 등
  - 수평적 스트레스 유발요인(horizontal stressor): 결혼, 자녀출산, 자녀출가, 죽음 등의 발달적 변화와 전쟁, 여성해방운동 등

3) 가족이 인간행동에 미치는 영향

(1) 부모의 자녀양육 태도 ★★★

① Baumrind(1971)는 부모의 자녀양육 태도를 권위적 부모, 허용적 부모, 민주적 부모로 구분하였음
  - 권위적 부모: 권위적 부모 밑에서 성장한 자녀는 사회관계에서 불안감을 나타내고 다른 아동보다 더 우울하고 스트레스에 취약한 경향이 있음
  - 허용적 부모: 허용적 부모 밑에서 성장한 자녀는 충동적-공격적인 모습을 나타내며 사회책임감이 낮은 것으로 나타남

– 민주적인 부모: 민주적인 부모 밑에서 성장한 자녀는 사회책임감이 강하고 유능
하면서 또는 독립성이 강한 성격으로 성장하는 것으로 나타남

(2) 사회화와 통제

① 가족체계는 가족성원의 사회화와 사회통제 과업에서 개인의 성격형성과 발달에
다른 사회환경보다 강한 영향력을 미침
– 부모의 민주적 양육태도와 조화로운 부부관계와 같은 건강한 가족문화는 자녀
에게 바람직한 사회화 모델 제시
– 이혼이나 지속적인 가족갈등 등의 부정적 가족문화는 자녀의 미래 행동규범의
선택에 부정적인 영향을 미칠 수 있음

(3) 가족의 상호작용 유형

① 가족 내에서 일어나는 반복적 상호작용 유형이 개인의 성격과 행동 결정 요인이 됨
② Minuchin(1974)은 가족체계 내에 존재하는 경계선의 침투성 정도가 개인의 성격
발달과 행동에 많은 영향을 미친다고 봄

(4) 가족체계의 역기능

① 가족체계의 역기능과 가족성원의 정신장애는 밀접한 관련성이 있는 것으로 알
려짐
– 역기능적 의사소통, 세대 간 결탁이나 삼각관계, 모자간의 공생관계, 혼란된 위
계질서, 왜곡된 가족신념 체계 등과 같은 가족의 역기능에 적응하고 가족체계
의 와해를 방지하기 위해 가족성원 중 한 명이 정신장애나 문제행동을 일으키
는 것

4) 가족과 사회복지실천

가족복지실천은 가족성원 개개인에 초점을 맞추는 것이 아니라 생활상의 어려움에
처한 가족을 위하여 가족 전체에 초점을 두고 가족이 안정된 삶을 추구할 수 있도록
가족의 기능을 강화하는 사회 전체의 조직적 노력

(2) 가족복지실천 접근 방법

① 거시적 접근방법

- 가족문제의 원인: 경제적 배분구조의 불평등성, 보건의료서비스의 취약성, 고용
시장의 불평등과 불안정성등과 같은 사회경제적 요인
- 해결방법: 국가적 차원의 노력, 가족복지정책 등

② 미시적 접근방법

- 가족문제 및 원인: 부부문제, 자녀문제, 가족폭력 등의 문제. 원인은 가족구조,
가족기능, 가족관계 및 가족생활주기라는 가족 내부 요인
- 해결방법: 가족의 변화와 가족성원의 성장 도모, 가족치료, 가족교육, 가족보존
및 지원서비스, 가족계획, 가족옹호사업 등

(3) 가족복지실천에 가장 큰 영향 미친 이론: 일반체계이론

일반체계이론에 근거하여 만들어진 대표적인 가족치료모델: Minuchin의 구조적 가
족치료, Haley의 전략적 가족치료, Milan Group의 체계론적 가족치료(systemic
family therapy), MRI의 상호작용적 단기가족치료 등

4. 집단과 인간행동

1) 집단의 개념

(1) 정의

집단이란 용어가 다양한 인간 집합체에 적용되기 때문에, 집단에 대한 개념 정의에
있어서도 학자 간 견해 차이가 있음

① Brown(1991): "어떤 목적을 달성하기 위해 상호 작용하는 사람들의 소규모의 집
합 또는 대면적 집합체"

② Hartford(1971): "인지적, 정서적, 사회적 상호 교환과 같은 공동의 관심사나 목표
가 있고, 서로에게 인상을 남길 수 있을 정도의 접촉이나 상호작용이 있어야 하며,
공동으로 기능하기 위한 규범이 있고, 공동활동을 위한 목적을 수립하고, 구성원

간 그리고 전체로서의 결속력이 있는 2인 이상의 개인의 모임"

③ Johnson & Johnson(1997): "대면적 접촉을 하는 두 사람 이상의 개인이 다른 구성원을 알고, 자신이 그 집단의 구성원임을 인식하며 상호 목적을 달성하기 위해 상호 의존관계에 있는 상태"

④ 김종옥 · 권중돈(1993): "서로가 동일한 집단에 소속하고 있다는 집단의식이 있고, 공동의 목적이나 관심사가 있으며, 이들 목적을 성취함에 있어서 상호 의존적이며, 의사소통 · 인지 · 정서적 반응을 통하여 상호 작용하며, 단일한 행동을 할 수 있는 능력이 있는 2인 이상의 사회적 집합체"

2) 집단의 특성

① 비슷한 관심사와 목적을 가진 최소 2인 이상의 일정한 구성원이 있음

② 집단성원이 공유하고 있고 달성 가능한 공통의 목적이 있음

③ 대면적 의사소통과 상호작용을 통하여 '우리 의식(we-feeling)'으로 비유되는 소속감, 정체성과 결속력을 형성

④ 상호작용과 집단 내 행동을 통제하는 사회통제 기제와 집단문화가 형성

⑤ 개인 간의 상호작용을 통하여 전체로서의 체계의 특성을 지니게 되지만 동시에 전체로서의 집단은 개인의 행동에 영향을 미침

⑥ 집단을 둘러싼 외부 환경오염 지속적 에너지 교환을 통하여 생존이 가능하고 그 기능의 변화와 발달이 이루어짐

⑦ 형성에서부터 해체에 이르기까지의 동일한 모습을 유지하는 것이 아니라 역동적 변화를 하는 일련의 발달 단계를 거침

3) 집단의 유형

(1) 분류

집단은 크기와 참여의 자유, 인간관계의 특성, 집단구성의 동기, 목적 등에 따라 다양하게 분류할 수 있음

① 집단의 크기: 대집단, 소집단

② 집단성원의 가입, 탈퇴의 자율성: 개방집단(open-ended group), 폐쇄집단

(closed group)

③ 인간관계 특성(Cooley): 1차집단(primary group), 2차집단(secondary group)

④ 집단구성의 동기: 자연적 집단(natural group), 인위적 집단(formed group)(치료집단, 과업집단)

(2) 집단과정(group process)과 집단역동(group dynamic)

① 집단의 유형은 집단 내에서 이루어지는 상호작용과 발달, 즉 집단과정과 집단역동과 밀접한 관계를 가짐

② 집단과정과 집단역동은 집단에 참여하는 모든 구성원에게 영향을 미치게 되므로, 집단 수준에 개입하고자 하는 사회복지사는 집단과정, 집단역동 즉, 집단목적, 집단지도력, 의사소통, 상호작용, 집단결속력, 집단 내의 사회통제 기제, 집단문화, 집단발달 등에 대한 이해를 갖추어야 함

4) 집단이 인간행동에 미치는 영향

① 집단은 지역사회나 사회가 형성될 수 있는 공식 또는 비공식적 구조를 제공해주는 기본 사회단위인 동시에 개인이 주요 타인과의 관계를 형성·유지할 수 있는 수단을 제공해 줌

② 개인은 집단을 떠나서는 생활할 수 없으며, 집단의 한 부분으로 상호작용에 참여하면서 자아정체감 형성, 성취감과 좌절감 경험을 통해 성장해 나감

③ 집단은 학습행동이나 성격형성에 필요한 기본 토대를 제공해 줄 뿐만 아니라 행동과 성격의 변화에도 많은 영향을 미침

- 집단의 긍정적 영향: 대인관계의 장 제공, 성장과 변화 촉진, 심리사회적 욕구 충족 기회 제공
- 집단의 부정적 영향: 지나친 사회통제나 왜곡된 집단 문화 등으로 인하여 구성원에게 부정적 영향을 미치고 성장과 변화를 방해할 위험성을 지니고 있으며, 집단 따돌림으로 대표되는 집단소외 현상을 경험하게 함으로써 개인의 심리사회적 문제를 유발하는 원인이 되기도 함

5) 집단과 사회복지실천

(1) 집단사회복지실천의 발달

사회복지실천 발달초기에는 주로 빈곤지역의 인보관과 청소년기관에서 시민교육, 사회화, 지역사회에의 적응 도모, 상호 지지관계 형성 등 집단을 매개체로 한 사회복지실천을 전개해 나감. 집단사회복지실천이 발달함

(2) 집단사회복지실천의 초점

집단사회복지실천은 사회복지전문직의 지식, 가치, 윤리, 기술에 근거를 두고 집단 내의 개별 성원, 전체로서의 집단, 집단이 속한 환경의 변화와 사회적 기능의 증진을 도모하는 사회복지실천의 한 방법임

(3) 집단사회복지실천의 목적

집단사회복지실천의 목적은 활용하는 집단의 형태에 따라 달라질 수 있음
① 치료집단: 집단 성원 개인의 성장, 교육, 행동변화 및 사회화가 주된 목적
② 과업집단: 조직이나 기관의 문제에 대한 해결책 모색, 새로운 아이디어의 개발, 내담자와 관련된 의사결정과 효과적인 원조전략 수립

(4) 집단사회복지실천 모델 ★★★

① 집단사회복지실천의 접근방법이 갖는 특성에 따라 Papell과 Rothman(1980)은 집단사회복지실천모델을 사회목표모델, 치료모델, 상호작용 모델로 구분하고 있음
  - 사회목표 모델(social goal model): 시민의 사회적 의식화, 선량하고 책임있는 시민의 양성, 노동조건 개선 및 빈곤문제 해결 위한 사회 및 정치적 행동에 목적을 둠
  - 치료 모델(remedial model): 역기능적 행동이나 증상을 보이는 성원의 치료와 재활, 개인의 문제해결에 초점을 둔 모델, 성원의 변화를 위하여 전문가에 의한 조직적이고 구조화된 개입이 이루어짐
  - 상호작용 모델(reciprocal model): 집단성원의사회화와 사회적 적응을 성취하기 위하여 성원 간의 지지체계 형성에 초점을 둔 모델, 유사한 문제나 관심사를

지닌 성원이 서로 협력하고 지지하여 상호 이익이 되는 체계 형성에 목적을 둠

(5) 집단사회복지실천의 이론

집단사회복지실천의 발달에 기여한 이론은 성격이론에서부터 사회체계이론에 이르기까지 매우 다양함

- 성격이론(정신분석이론, 개인심리이론, 인본주의이론 등): 치료모델 발달에 기여
- 소집단이론, 사회교육이론: 사회목표 모델 발달에 기여
- 실존주의이론, 일반체계이론의 융합: 상호작용 모델 등장

01) 개방형 가족체계에 관한 설명으로 옳은 것을 모두 고른 것은?　　　　(15회 기출)

> ㉠ 가족 체계 내 엔트로피 상태가 지속된다.
> ㉡ 외부로부터 정보를 통해 체계의 기능을 발전시킨다.
> ㉢ 지역사회와의 교류가 활발하다.
> ㉣ 투입과 산출이 거의 없는 상태이다.

① ㉠, ㉡, ㉢　　　　　　　　　② ㉠, ㉢
③ ㉡, ㉣　　　　　　　　　　　④ ㉣
⑤ ㉠, ㉡, ㉢, ㉣

☞ 해설

개방체계는 다른 체계와 에너지 정보, 자원 따위를 상호 교류하는 체계로, 체계 내 사람들이 환경 또는 다른 체계들과 빈번한 상호작용을 하는 경우를 말함. 환경과의 상호작용 속에서 투입, 전환, 산출, 환류의 역동적 작용을 함.
㉠ 엔트로피는 체계 내에 질서, 형태, 분화가 없는 무질서한 상태로서 폐쇄체계의 특징과 관련되며, ㉣ 투입과 산출이 거의 없는 상태는 폐쇄체계임.

정답 ③

02) 집단에 관한 설명으로 옳지 않은 것은?　　　　(14회 기출)
① 역할분화가 이루어진다.
② 사회화의 기능을 수행한다.
③ 구성원들이 감정을 공유하며 규범과 목표를 수립한다.
④ 구성원들 간의 관계를 형성하며 상호작용을 통해 성장한다.
⑤ 구성원들을 지지하고 자극시키는 힘을 가지기 때문에 긍정적 기능만을 수행한다.

☞ 해설

집단은 학습행동이나 성격형성에 필요한 기본 토대를 제공해 줄 뿐만 아니라 행동과 성격의 변화에도 많은 영향을 미치며, 긍정적 영향을 미치기고 하고, 부정적 영향을 미치기도 함.

집단의 부정적 영향을 살펴보면, 지나친 사회통제나 왜곡된 집단 문화 등으로 인하여 구성원에게 부정적 영향을 미치고 성장과 변화를 방해할 위험성을 지니고 있으며, 집단따돌림으로 대표되는 집단소외 현상을 경험하게 함으로써 개인의 심리사회적 문제를 유발하는 원인이 되기도 함.

정답 ⑤

제24장
|
사회체계와 인간행동(2)

1. 조직과 인간행동

1) 조직의 개념

다양한 분야에서 조직에 대해 다양한 개념 정의를 제시하고 있음

① Parsons(1960) & Etzioni(1964): "특정한 목표를 추구하기 위한 사회적 단위"

② Gortner et al.(1987): "목표 또는 사명을 성취하기 위한 특수화되고 상호 연계된 활동에 참여한 사람들의 집합"

③ 권중돈: "특정한 목적달성을 위하여 의도적으로 구성된 사회단위이며, 공식화된 분화와 통합의 구조 및 과정 그리고 규범을 내포하는 사회체계"

(2) 조직과 유사 개념

① 기관(institution)

② 집단

2) 조직의 특성과 유형

(1) 조직의 특성

① 조직에 관한 특성은 보는 이의 성향, 즉 시각에 따라 달라질 수 있음. 사회복지실 천과 관련하여 조직의 특성은 다음과 같음

- 특정한 목적을 가짐
- 조직의 특성에 맞는 일정한 규범이 있음
- 조직의 유지와 운영을 위해서는 조직 외부로부터 합당한 투입이 있어야 함
- 권위 수준이 다양한 조직은 반드시 권위의 수준을 계급화함
- 조직 간 위계가 있는 독립조직은 상위조직 혹은 하위조직에 의존함
- 조직은 독특한 문화가 있음

(2) 조직의 유형

① 조직의 유형은 학자들에 따라 다양한 기준을 활용함
② 조직 유형의 특성, 조직구성원, 사회복지실천과 연관성을 살펴보면 다음과 같음

- 강제적 조직: 강제수용소, 교도소, 수용 정신병원
- 공리적 조직: 산업조직
- 규범적 조직: 종교조직, 정치조직, 병원, 학교, 사회복지조직 등
- 상호수혜조직: 조직회원에게 1차 혜택을 주는 기관. 정당, 종교단체, 노동조합 등
- 사업조직: 사업체 소유자에게 1차적 혜택을 주는 조직으로, 주식회사, 은행 등
- 서비스조직: 클라이언트에게 1차적인 서비스를 제공하는 조직. 사회복지조직, 병원 등
- 공공조직: 일반대중에게 혜택을 주는 조직으로 행정기관, 군대 등
- 관료조직
- 일선조직: 조직의 주도권이 일선업무단위에 있고, 각 업무단위는 상호 독립적으로 업무를 수행하고, 사무단위의 직접적 통제가 어려운 조직
- 전면통제 조직: 클라이언트를 강제로 혹은 자의적으로 시설에 수용했을 때, 관리자가 수용자에 대한 강한 통제권을 가지는 조직
  예) 정신병원, 기숙사, 교도소, 요양시설 등

– 투과성 조직: 조직의 구성원이 자발적으로 참여하여 개인의 가정과 사적인 생활에 침해 받지 않고 조직의 문화나 규정에 의한 통제성이 약하고 조직의 활동이 거의 노출되는 조직(예, 자원활동 조직)

3) 조직이 인간행동에 미치는 영향 ★★

① 개인은 조직을 통해서 자신이 바라는 욕구를 충족하고 개인적 목적을 달성하며, 조직은 그 개인들을 통해서 조직목석을 성취함
② 조직과 구성원은 상호 간의 발전을 위해 노력하고 적절한 균형을 이룰 수도 있고, 조직을 위해 개인을 희생시키거나 개인이 자신의 목적달성을 위해 조직을 무시할 수도 있음
③ 조직성원은 조직 내에서 소진증후군(burnout syndrome)을 경험하기도 함
④ 조직이 개인에게 부정적인 영향만을 미치는 것은 아님. 현대사회에서 조직은 권력 분배 기능, 적응 기능, 사회변화 기능, 사회결속 기능, 정체성 부여 기능 등의 순기능을 수행함

4) 조직과 사회복지실천

(1) 개요

인간이 조직과 불가분의 관계이듯이 사회복지실천이나 서비스도 조직과 불가분의 관계에 있음. 사회복지실천에서 제공되는 서비스는 주로 조직이라는 실천현장(setting)을 기본으로 제공되며, 서비스가 이루어지는 조직에 따라 사회복지실천의 분야를 구분하기도 함
① 의료사회복지: 병원 등
② 산업복지: 기업체 기반
③ 교정사회복지: 교도소 등의 교정기관 기반
④ 학교사회복지: 학교 기반
⑤ 종교사회복지: 종교기관 기반
⑥ 군사회복지: 군대조직 기반

(2) 조직

사회복지실천에서 조직은 자원체계로 간주함

(3) 효과적인 사회복지실천

효과적인 사회복지실천을 위해서는 사회복지조직을 합리적으로 운영해야 함
- 투입–전환–산출이라는 과정의 효과적 운영 위해 사회복지조직의 기획, 인력, 재정, 시설, 정보관리 등의 체계적 운영 필요

(4) 개별화된 서비스 제공이 1차 목적

사회복지조직은 고객서비스 조직(customer service organization)으로 내담자의 특성과 욕구, 문제에 맞춰 개별화된 서비스 제공이 1차 목적임. 따라서 사회복지사의 소진은 내담자의 삶의 질이 부정적인 영향을 미칠 수 있음

2. 지역사회와 인간행동

1) 지역사회의 개념

(1) 'Community'

우리말로 지역사회 또는 지역공동체로 번역
① 지역사회라고 지칭될 때는 인간생활의 지역성과 공간성을 강조하는 용어로 사용됨
② 지역사회가 공동체로서의 삶의 터전을 강조할 경우에는 지역공동체라는 의미가 적합

(2) Ross(1967) ★★

지리적 지역사회와 기능적 지역사회로 구분함
① 지리적 지역사회(Geographic community)
② 기능적 지역사회(functional community): 합의성, 일체감, 공동생활 양식과 가치

관, 공동의 문화와 활동 등을 강조하는 사람들로 구성된 사회적 단일체 의미(정당, 종교단체, 전문직 단체 등)

2) 지역사회의 특성과 유형

(1) 지역사회의 특성

① 지역사회의 특성을 Norlin & Chess(1997)는 4가지로 정리함
  - 물리적 혹은 지리적 장소에 기반을 둔 사회조직의 형태를 띰
  - 지역사회가 추구하는 최종목적은 지역주민의 삶의 질 향상하는 것
  - 공통된 욕구, 문제, 성장과 발전을 위하여 상호 의존
  - 개인과 전체 사회를 연결하는 중간체계이며, 전체 사회의 하위체계
② 최옥채(2011)는 지역사회의 특성을 역동성, 변화성, 서비스 요구성, 변화능력, 다양성, 시민의 변화를 위한 최적단위로 요약하고 있음

(2) 지역사회의 유형

① 지역사회의 유형을 구분하는 데 있어서는 시대와 관점에 따라 구분이 매우 다양함
  - 인구규모: 대도시, 중소도시, 읍지역, 자연부락 등
  - 경제적 기반: 농촌, 어촌, 광산촌 등
  - 정부의 행정구역: 특별시, 광역시, 도, 시 · 군 · 구, 읍 · 면 · 동 등
  - 인구구성의 사회적 특성: 대도시지역, 산업지역, 상업지역, 정부행정중심지역, 교육중심지역, 기관 및 시설 중심지역, 교외, 휴양지, 농업중심지역, 이념중심지역 등
② 퇴니스(Tönnis)는 지역사회 성원 간의 결속력의 특징에 따라 공동사회와 이익사회로 분류하고 있음 ★★
  - 공동사회(Gemeinschaft): 전산업사회에서 전형적으로 나타나는 친밀하고, 사적이며, 비개방적인 공동생활을 의미
  - 이익사회(Gesellschaft): 산업사회의 특징적 모습으로 의식적이고 의도적으로 참여하는 공식적 생활을 의미

3) 지역사회가 인간행동에 미치는 영향

지역사회의 기능은 개인의 성격 형성과 행동 발달에 많은 영향을 미침. 개인은 사회화 과정에서 지역사회의 일반 지식, 사회가치나 사회적으로 수용 가능한 행동양식을 전수받으므로, 지역사회의 유산이 성격에 영향을 미침

4) 지역사회와 사회복지실천 ★★

① 지역사회개발(locality development) 모델

② 사회계획(social planning) 모델

③ 사회행동(social action) 모델

3. 문화와 인간행동

1) 문화의 개념

문화라는 용어는 라틴어 'cultura'에서 유래된 것으로서 경작, 재배, 교양, 예술 등의 의미로 사용되다가 살아가는 행동 체계나 신념 등의 생활양식이라는 의미로 변화되었음

(2) 학문분야의 문화 개념

① 교육학, 심리학: 학습된 행동

② 인류학자: 유무형의 유산이나 생활양식

③ 사회학자: 초유기체적 속성을 지닌 것

④ 최근: 지식, 믿음, 가치관, 의식, 행위 규범 등을 포함한 인간의 삶에 필요한 물질적, 정신적인 것을 모두 포함하는 개념으로 받아들이고 있음

(3) 문화와 문명 구분 ★★

① 문화(culture): 비물질적이고 정신적인 인간의 포괄적인 생활양식

② 문명(civilization): 정신적 발달 인정하지만 물질적으로 생활이 편리해지거나 기술

적으로 진보하는 상황을 더욱 강조

2) 문화의 특성

(1) 문화의 구분

① 문화: 인간이 사회성원으로서 사고하고 행동하며 소유할 수 있는 복합체로서 상징, 언어, 예술, 기술, 규범, 가치 등의 다양한 문화요소로 구성됨
② 문화는 물질적 문화(각종 생활용품, 기술 등)와 비물질적 문화(도구문화를 제외한 것)로 구분할 수 있음

> • 비물질적 문화는 관념문화(과학적 진리, 종교적 신념, 신화, 전설, 문학, 미신 등)와 규범문화(법, 관습, 민습, 원규, 유행 등)로 구분됨.

(2) 문화의 특성 ★★

① 창조된 것이며 학습되는 것
② 사회적 유산 또는 상속으로서 전승되어 온 것
③ 보편성, 다양성, 상징성, 역동성, 초개인성을 지님
④ 정치, 경제, 사회, 역사 등의 사회 구성물이 상호 작용한 결과물

3) 문화가 인간행동에 미치는 영향

① 문화는 인간의 적응양식, 행동지침, 자기실현, 사회통합, 긴장과 소외, 사회화, 사회적 성격 등에 영향을 미침
② 문화결정론(White, 1959): "인간은 문화의 산물이며, 인간행동은 문화에 대한 반응"

4) 문화와 사회복지실천

① 사회복지실천은 문화적으로 민감하게 이루어져야 함: 다문화사회로의 전환에 따른 문화적 민감성, 단일민족 이데올로기, 자문화중심주의 등
② 주류문화와 비주류문화에 대한 이해와 접근 필요: 성, 연령, 출신배경, 지역, 학력,

외모 등에 따라 차별하고 배타적 태도를 보이는 차별과 분리현상 등

4. 가상공간과 인간행동

1) 가상공간의 개념
① 가상공간(cyberspace)이라는 용어는 Gibson의 소설(1984) 뉴로맨서(Neuromancer)
　에서 처음 사용됨
② 가상공간이란 인간의 오감을 컴퓨터라고 하는 수단을 이용하여 인공적으로 만들
　어 낸 환경을 말함. 가상현실(virtual reality), 인공현실(artificial reality), 가상세
　계(cyber world), 인공환경(artificial environment) 등의 용어와 혼용되고 있음

2) 가상공간의 특성
① 물리적 제한이 없음
② 끊임없이 변화하고 발전
③ 현실적 제한을 받지 아니하며, 인간의 오감으로 직접 체험 가능
④ 가상공간을 구성하는 모든 부분은 상호 작용하는 생활공간
⑤ 고도의 편집성과 조작성
⑥ 공동사회와 이익사회 모두를 포괄하는 총체적 생활공간

3) 가상공간이 인간행동에 미치는 영향
① SNS를 통한 생활방식의 변화
② 긍정적 영향: 정보 교환과 공유의 촉진, 소속감 강화와 안정된 정체성 형성, 정서
　적 유대, 일반대중 의견수렴과 담론화를 통한 전자민주주의의 실현, 자유와 평등
　의 보장, 다양한 태도와 역량강화의 기회 제공
③ 부정적 영향: 책임회피, 통합된 자아정체성 형성 방해, 객관적 자아개념 형성의 어
　려움, 몰인간화 현상, 정보의 독점, 빈부 및 계층 간 격차 심화 등
④ 역기능적 행동: 절도, 사기, 엿보기, 강탈, 협잡, 사생활 침해, 중독 등

4) 가상공간과 사회복지실천

① 가상공간의 발달로 인해 사회복지실천에도 많은 변화가 일어나고 있음. 정보기술
의 발전으로 인하여 사회복지실천에서도 내담자가 요구하는 정보를 시간과 공간
에 제한 없이 제공하며, 내담자의 욕구와 정보를 효율적으로 파악하고 처리하고
기록할 수 있게 되었음. 정보화와 사회복지실천

② 현재 사회복지실천에서 가상공간과 관련되어 일어나는 문제 중에서 비교적 높은
관심분야는 사이버 중독 분야임

③ 가상공간에서 개인이 경험하는 문제의 해결, 인간에게 부정적 영향을 미치는 가상
공간 자체의 변화를 위한 방안 모색이 필요함

01) 문화의 기능에 관한 설명으로 옳은 것을 모두 고른 것은? (11회 기출)

> ㉠ 개인의 생리적 · 심리적 욕구 충족에 기여한다.
> ㉡ 인간의 행동과 사고에 직 · 간접적으로 영향을 미치며 세대 간 전승된다.
> ㉢ 다양한 생활양식을 내면화시켜 개인이 사회에 적응하며 살아갈 수 있게 한다.
> ㉣ 사회의 안정과 질서에 악영향을 미치는 문제들을 제거 · 조절하는 기능을 수
>   행한다.

① ㉠, ㉡, ㉢   ② ㉠, ㉢
③ ㉡, ㉣   ④ ㉣
⑤ ㉠, ㉡, ㉢, ㉣

☞ 해설
㉠ 욕구충족 기능, ㉡ 사회존속 기능, ㉢ 사회화 기능, ㉣ 사회통제 기능에 해당. 문화는 인간의 적응양식, 행동지침, 자기실현, 사회통합, 긴장과 소외, 사회화, 사회적 성격 등에 영향을 미침.

정답 ⑤

02) 문화에 관한 설명으로 옳지 않은 것은? (12회 기출)
① 다른 사회구성원들과 구별되는 어떤 공통적인 경향이다.
② 사회의 안정과 질서를 위해 문제들을 제거, 조절하는 기능을 수행한다.
③ 자연환경보다 인간의 정신활동을 중요시한다.
④ 상호 긴밀한 관계를 유지하면서 하나의 전체를 이루는 통합체이다.
⑤ 문화통합은 둘 이상의 사회가 장기간의 접촉에 의해 한쪽이나 양쪽의 문화체계에
   변화가 일어나는 현상이다.

☞ 해설

서로 상이한 문화를 가진 두 개 이상의 집단(사회)이 지속적인 접촉에 의해 어느 한편 또는 쌍방의 문화에 변화를 일으키는 현상을 문화변용이라고 함.

정답 ⑤

참고문헌

• 권석만. 『현대 심리치료와 상담이론: 마음의 치유와 성장으로 가는 길』. 서울: 학지사, 2012.
• 권중돈. 『인간행동과 사회환경』. 서울: 학지사, 2014.
• 권향임 외. 『인간행동과 사회환경』. 서울: 창지사, 2013.
• 송성자. 『가족과 가족치료』제2판. 서울: 법문사, 2002.
• 이종복 외. 『인간행동과 사회환경』. 서울: 양서원, 2014.
• 장수한 외. 『인간행동과 사회환경』제3판. 서울: 공동체, 2018.
• 정은. 『인간행동과 사회환경』. 서울: 학지사, 2014.
• 제랄드 코리 저, 오성춘 역. 『상담학개론 : 상담과 정신치유의 이론과 실제』. 서울: 장로회신학대학교출판부, 1996.
• 조흥식 외. 『인간행동과 사회환경』. 서울: 학지사, 2010.
• 최옥채 외. 『인간행동과 사회환경』제4판. 서울: 양서원, 2011.
• 하정미 외. 『인간행동과 사회환경』. 서울: 공동체, 2017.